U0023989

王　族／著

紙上城池——古書的故事

中國古書——農業和準工業的優雅嫁接

孫子兵法——孫武尊重假想敵的方式

史記——司馬遷的懸崖筆記

漢書——班固戳別人也戳自己的刺

胡笳十八拍——蔡文姬無法流出的淚

三國志——陳壽的筆墨刀鋒

後漢書——范曄的才子病藥方

文心雕龍——劉勰的幸運跑題

大唐西域記——玄奘用雙腳走出來的書

福樂智慧——書寫和述說的快樂

突厥語大詞典——你看我，就是治療我

水滸傳——施耐庵的另一種飲酒方式

西廂記——三作者為愛而修改恨

牡丹亭——湯顯祖懂愛但不會愛

永樂大典——大書之大，但苦役也駭然

紅樓夢——曹雪芹的黃金大餅

中國古書
——農業和準工業的優雅嫁接

一、結繩

符號是最早的字，也可以說是最早的「書」。遠古時期，語言已經被普遍運用，人們用說話的方式進行交流，但卻因為沒有文字而不能對外傳播，尤其不能傳給除了對話者之外的人。久受困頓之下，終於在某一天，有人想出了一個辦法，在繩子上打上結，這些結或記錄自己曾經做過的事，或傳遞某種確切的資訊。於是，中國人最早使用，而且最特殊的字——結繩，便誕生了。

一根柔軟的繩子，經人們打出一個又一個結，便具備了特殊的記錄功能。為了不讓那些結混淆，人們開始為其命名，賦予它們特殊的含義。於是，那些結便變成了符號，人們把它們的形狀記在心裡，它們其實也就是人們心裡的字。那些結被一個又一個人認知，其認知的過程也就是一種教育和知識普及。

比如，有人去一位朋友家裡，見他家院子裡的一條繩子上打五個節，他於是便知道，這位朋友的孩子已出生五天。在當時，用結繩的方式記錄孩子出生後的日子一直要到百天，百天之後，那條打了一百個結的繩子便成為一個生命特殊的證明。就是在今天，出生的小孩仍然要過百天，這一習俗就是從遠古時期一直沿襲下來的。

再比如，有人想和朋友在三天後相約談事，便給朋友傳過去一條有三個結的繩子，表示三天後見面。朋友接到繩子後，便為第三天的見面做準備。當時，人們的生活來源主要靠打獵和捕魚。也許，他為朋友來訪準備了新鮮的獸肉和魚，朋友來了可以邊吃邊聊。

人們在當時之所以選擇在繩子上打結，實際上與生活水平有很大關係。當時，人們的衣服基本上就是獸皮，沒有衣袖，裹在身上後，用一根繩子攔腰一繫，便很利索。可以說，繩子是最早改善人們生活，使人們感受到生活質量的東西。當時可利用的東西實在太少，所以，他們便順手選擇在繩子上打結記事。結繩記事這一特殊方式一直持續了很多很多年，直到一九四九年在雲南傈僳族中仍有一個叫黑麥燕的人在使用，他在一條繩子上打了五十一個結，表示他帶養侄子已五十一個月。

結繩之後，又出現了一種特殊的字——契刻，即把符號刻在木條上傳遞。《易經・繫辭》中說：「上古結繩而治，後世聖人易之以書契。」這裡所說的書，仍然是指那些符號。不過，把符號刻在木條上傳遞起來顯然要比結繩方便多了。

契刻的出現是一種進步，大大改變了人們傳遞資訊的功能，同時也節約成本。木條取自樹木，當時的大自然中樹木茂密，砍下一些枝幹便可用刀削出木條，比撚草搓繩要簡單方便得多，最重要的是，在木條上刻上符號後，更易於保存，下次若遇到同樣的事情，便可以拿出來使用。

相對於人們當時的生存狀況，結繩也罷，契刻也罷，其實已經是很大的進步了。當一個人用繩子或木條把自己想說的話傳遞出去的時候，他在那一刻是無比幸福甜蜜的。甚至可以說，那是那個時代的一種浪漫，一個人於內心體會到的，是書寫的快樂。

文字或書，實際上只是一種工具。工具之功能實際上僅僅只是使用，但正因為其只是工具，所以也便有自身的局限。魯迅先生在《門外文談》中說：「只有幾個結還記得，一多可就糟了。」先生站在今人的角度，似乎有些多慮了。或許，人們在當時若要多記事，便可多用幾條繩子。

二、甲骨文

同樣在遠古時期，人們為了記錄下一些與生活有關的事物，便把那些事物的形狀刻在居住的岩洞壁上。這些被刻下的形狀便是最早的文字——象形字。這也是刻在岩壁上的書。如果說，一個字就是一本的話，那麼那些書便是最簡單也最實用的，而且因為是原生態的，所以讓我們在今天想像起來覺得很有意思。

文字不論在最初還是在今天，都具備傳遞思想和資訊的功能。最初的字雖然簡單，但卻頗具意味，因為在從那時候起人們便學會了向世界表達自己的想法，那些隨手刻下的符號，在今天看來是那麼的有詩意。

直到人們把文字刻在龜甲或獸骨上，真正的文字才出現了。商代人非常迷信，其王室每每結婚、捕獵、祭祀、出征時，都要占卜，以測凶吉。一番神秘的占卜儀式完畢後，便會有一些答案，他們將那些答案用刀刻在烏龜甲或獸骨上，再仔細塗上墨或朱砂，然後妥善保管好。那些被刻在烏龜甲或獸骨上的文字，便是又一種文字——甲骨文。

可想而知，因為是商代王公貴族在使用甲骨文，所以在當時牛胛骨、獸骨和龜甲便是做書的專用材料，他們一聲令下，全國便源源不斷地將牛胛骨、獸骨和龜甲運往京都，以備他們使用。

從某種意義上而言，甲骨文便也是一種書。人們之所以把文字刻在易於保存的牛胛骨、獸骨和龜甲上，實際上說明人們在當時已意識到用文字進行交流是多麼的重要，這種特殊的方式讓他們的生活有了質的飛躍，同時也享受到了文字所具備的意味的美。當然，人們之所以選擇牛胛骨、獸骨和龜甲刻字，仍然是因為這幾樣東西質地堅硬，易於保存。從甲骨文開始，書的功能便突顯了出來——書，不僅在於展示和呈現，而且還在於留存，以便以後查閱有用的資訊。

在時間的長河中，甲骨文也慢慢淡出了人們的視野。或許因為有了新的形式的文字出現，或許因為甲骨文承載著占卜這一特殊使命，後來，人們把甲骨文埋入了地底下。泥土中的黑暗世界，並不是它們最後的歸宿，但卻讓它們沉睡了幾千年。

直到一八九九年，北京的一名叫王懿榮的官員患頑症久治不癒，別人給他介紹了一味叫「龍骨」的中藥，他抓來未煎熬，倒先發現了上面的文字。他是個有學問的人，覺得這些東西應該是商代的卜占辭（甲骨文一名為近代學者命名，早先有貞卜文字、敫卜辭、占卜辭等名）。意外地發現讓他興奮不已，也顧不上病了，興沖沖地跑到出售「龍骨」的藥輔將其一一買回了家。原來，河南安陽的小屯村的農民在耕地時從地中耕出了龜甲和獸骨，因見其奇持，便稱之為「龍骨」。不知誰說此龍骨可治病，於是它們便進入了藥輔。經王懿榮仔細研究，斷定此為商代的卜占辭。幾經推敲，人們給它們起了一個名字——甲骨文。

甲骨文基本上已脫離了象形，而初步具備了「指事、會意、形聲、轉注、假借」等文字規律。當它們在泥土中沉睡幾千年重見光日時，經由它們繁衍的文字與它們已截然不同了。

但它們用自己的身軀記錄了自己。

三、冊

慢慢地，竹子成了人們書寫的首選材料。人們之所以選竹子，大概是因為竹子本身柔韌有度，且表面光滑，易於寫字。人們把較高較大的竹子砍倒，切出一條一條的長片，然後打磨光滑，在火上烘烤去內部水分，以防日後變形或蟲蛀。當時，這一程序被稱之為「殺青」。經過殺青，就可以在其上寫字了。

時間這時已到了商代後期和春秋早期，人們將寫在竹片上的字稱之為「簡」，有的地方因無竹而使用木片，所以人們又稱其為「木牘」。《尚書・多士》載：「惟殷先人，有冊有典。」由此可以得出結論，商代就已經有了簡和木牘這種形式的書了。東漢學者許恢曾說：「著於竹帛謂之書。」帛是另一種寫字的材料，而在竹上寫字，在當時便已經被稱為書了。從各種史料看，簡和木牘大量使用時期在戰國時，那時的人有了讀書的習慣。

那些堅硬的竹片或木片，被寫上字後，每一條便像一頁紙，人們閱讀其上的文字，閱讀的喜悅充斥於心間。簡或木牘，大多一條只有一行字，多的可達兩到三行，字數少的只有幾個，多的有幾十個。用今天的話說，這些字都是豎排的，閱讀者自上向下閱讀，頗為方便。

人們在簡或木牘上面寫字時，已不再使用原來的刀刻工具，而是用筆書寫。筆比刀柔軟靈活，使用起來方便快捷得多。但寫著寫著會出現寫錯的現象，不得已，人們只好又把原來使用過的刀拿出來，將錯字刮除，然後再補寫上正確的字。這也許是最早的校對工作。有史為證，長沙曾發現馬王堆一號漢墓，裡面有一片簡上的「羊昔笥」三字與其他字截然不同，專家斷定是當時的人將錯字刮除後補寫上去的。

像今天的書要裝訂成冊一樣，當時的簡或木牘被用繩子從左至右上中下或上下串聯起來，當然，也有用牛皮串聯的。簡或木牘被串聯起來後，因其更易於翻卷，更易於連續閱讀，故人們將其稱之為「冊、策、簡冊」等。相比較而言，人們用「冊」之說法要多一些，時至今日，人們說一本書或幾本書時仍有說成一冊書或幾冊書之習慣。

冊，真正意義上的書，就這樣誕生了。

較之於甲骨文，冊確實已經有了很大的改觀，但一冊書因為串聯簡和木牘太多，一冊書往往堆積如山，攜帶不便不說，翻閱起來十分困難，閱讀速度也很緩慢。今人說「背書」，往往是指將其內容牢記並能背誦出多少，而古人最早說的「背書」實際上是指一個人能背得起多重的書。你能背得起，就有閱讀的機會，古人衡量知識分子的標準不排除他的體力狀況。

書的基本功能是傳遞資訊，但像「冊」這樣的書傳遞起資訊來恐怕就很麻煩了，其繁重和易於散失之弊端實難一下子克服。西漢時，東方朔向漢武帝進言，其奏牘僅三千字左右，卻用了幾百個竹簡，兩名士兵費力半天才抬到武帝跟前，武帝一片一片閱讀，耗時三月才讀完。

讀這樣的書累人，光有毅力而體力不支者，恐怕很難學得知識。這樣的書有三大缺陷：重、串聯繩子遮字和易散。不過，也有不怕累，讀這樣的書讀出名堂的人，如孔子。孔子讀《易》，因閱讀次數太多，使串聯的繩子都斷了，竹簡更是散於一地，但他都一次次將其撿起拾掇好，下次又完完整整捧讀在手。當時的書也被稱之為「韋編」，所以後人提及孔子克服當時的書之三大缺陷時，都稱他的行為是「韋編三絕」

孔子之所以有那麼大的學問，僅從讀書上可窺出一二原因。

四、帛書

在簡和木牘大行其道的時候，另一種書——帛書，其實也已經出現了。帛，即絲織品，帛書也就是把字寫在絲織品上的書。明代學者羅欣在《物原》中說：「史籀始墨書於帛。」照此推論，帛書乃周朝的史籀所創。

關於史籀，史書上少有記載，唯有他在絲織品上寫字這一創舉令人感到親切，似乎一下子把他從歷史煙塵中拉近，逐漸遂變得清晰了起來。某一天，他大概要急著記一點什麼，但手頭卻沒有供他寫字的東西，於是他便隨手拿起一塊絲織品，在上面寫下了心裡的那些想法。據學者研究，絲織品在商代就已經有了，所以在周朝便已成為服飾的選用品。史籀一寫之下大吃一驚，在柔軟的絲織品上寫字，著實感覺不錯，對行文走筆都提供了便利。在當時，他沒有意識到自己創造了一種新的書的形式——帛書。但自他開始，帛書便大行其道。

但這樣的書一般的老百姓寫不起，只有那些王公貴族或皇帝才可以享有。基於此，寫在上面的東西也一定非一般日常瑣事，極有可能都是國家大事。比如《韓非子》載：「先王寄理於竹帛。」《墨子》載：「書之竹帛，傳遺後世子孫。」由此可見，帛書在當時是皇家專用品。

因帛書採用了絲織品，所以不易保存，現在已很難看到周朝的帛書了。前些年，長沙曾出土一方楚繒，上面有六七百個無法識別的字。人們對這些字多方推測考證，終得不出答案。但楚繒上的植物、怪獸、三頭帶角神像卻讓人們欣悅無比，雖然解不出字的含義，畫卻是可以欣賞的。那上面的植物之枝葉，怪獸之張揚，三頭帶角神像之威嚴，讓人們對當時的大自然，社會，乃至宗教有了頗有意味的遐思。

因為絲織品柔軟，所以帛書在寫完之後便可以卷起來，這樣一則方便收藏，二則利於閱讀時打開。於是，關於書的一個新的計量單位——卷——便出現了。一卷大概就是一片絲織品，而卷之說法，也就是由一片卷起的帛書得來的。我們今天的許多書籍仍有將章節分「卷」的，其形式和文字數量雖較之於最初的「卷」已大有改觀，但意義仍屬於同一範疇。

從周朝到三國，是帛書的黃金時期。這期間雖然簡和木牘被人們普遍使用，但因絲織品本身比較昂貴，所以帛書便是當時的高端書。我們在今天見到的帛書，大多是漢代出土文物。由此可見，漢代時帛書的普及達到了空前的規模。

當然，帛書在紙張發明以後，被紙替代，慢慢退出了人們的視野。但在清代卻出現了一件與帛書有關的頗為有趣的事。在中國國家圖書館，有一部由綾衣形成的特殊的「書」。專家考證，因為綾也屬於帛，故該衣便也屬於帛書。這件綾衣上寫滿了密密麻麻的字，細看，便可以知道是《論語》等書中的三百五十篇文章。這部特殊的「書」之來由是這樣的，清代舉子們進京趕考，多住在前三門外，該處多文物商店，一家店主見舉子們為考試愁眉不展，便靈機一動想了一個辦法，請附近琉璃廠的師傅把一些考試中可能涉及的內容抄於綾衣上，然後塗上一種可遮去字跡的特殊的塗料。考生穿綾衣進考場時無論考官怎樣查看，都看不出什麼。因當時的考場為一人一屋，且封門答題，故考生進屋後將綾衣用研墨的水一浸，上面的字便立刻顯現，只管把有用的東西抄寫即可。這個辦法很奏效，一時深受舉子們青睞，那個店主藉機掙了不少錢。人們後來把他的商店稱之為「小抄」店。

古往今來，此為書故事之一奇聞。

孫子兵法
——孫武尊重假想敵的方式

一、少年時的薰陶

關於《孫子兵法》的書故事，就像那十三篇兵法一樣，也神秘莫測，多有鮮為人知之處。《孫子兵法》講的是軍事策略，而其作者孫武在寫作時，也採取了謀略自己人生，數載等待最佳動筆時機等措施，最後終於在最適當的時機將該書出手，使其大派用場，同時也讓自己順利入了仕。

孫武出生於春秋末期，其家庭為齊國貴族。他的祖父和父親都曾為齊國大將，無數次率兵打過仗，且均立有戰功。這樣的家庭，軍事氛圍便很濃，孫武小時候常聽他們談論戰爭，商量如何按兵佈陣，如何克敵制勝。他們也許沒有注意到，在他們高闊談論時，旁邊的小孫武正睜大了一雙好奇的眼睛聽得津津有味，對他們的談論產生了濃厚的興趣。後來孫武稍大，發現家中有大量軍事方面的書籍，便捧讀了起來。這一讀從此一發不可收拾，幾年間，他幾乎把家中的軍事書籍全讀完了，所受軍事薰陶已極深。史書載，他還跟隨父輩上過戰場，雖因年少並未衝鋒陷陣，但卻親眼目睹了戰爭的實情。

如此家庭氛圍，加上潛移默化，讓孫武對軍事產生了濃厚的興趣，待長大，他已在內心樹立了一個目標——此生投身於軍事，在沙場上建功立業。

但孫武的運氣不好，齊國雖為當時的大國，但卻因內部鉤心鬥角，不斷發生內訌，致使整個國家危機四伏，一天不如一天。眾所周知，春秋末期，各諸侯國不斷吞併，戰爭異常激烈，天下已不再遵從中央政權，誰也無法統一或協調各諸侯。處於這樣的亂世，在昔日曾為雄霸的齊國，不但不鞏固邊界，加大軍事力量，反而因內部糾纏而使國家搖搖欲墜，著實已無任何能力抵擋得住眾諸侯國激起的狂風暴雨。

孫武當然不會讓自己投身於這樣一個行將滅亡的國家中，他前後思量一番，決定離開齊國，到當時勢已大升，氣象新興的吳國去發展。當時的人們對離開故鄉和祖國並不是很在意，天下如同一盤四散而開的棋子，如果在一處待得不順心，說走便走了。也許在人們的內心中，天下只應是一國，而各諸侯國此起彼伏的變化，讓人們眼花繚亂，早已沒有了故鄉和祖國的概念，於是便也就無所顧忌了。孫武原本是齊國的田氏後裔，他這一走，從此便不再使用過田姓，在歷史上，人們稱他為「孫武」，兩千多年下來不再改變。

此時的孫武，實際上已飽讀兵書，是一個具備了軍事才能的青年。他渴望上戰場去打仗，但朝不保夕的齊國是不能給他提供機會的，所以他必須去尋找可以讓自己發揮才能的地方。離開的時候，他為齊國感到失望，但齊國已如將傾大廈，以他一人之力又怎能扭轉乾坤。而更讓他感到可惜的是，齊國曾經有那麼好的軍隊，有超一流的戰術，而且還有像自己的父輩們一樣的將領們用鮮血和死亡總結出的作戰經驗，如將其用好，可發揮出巨大的作用，只可惜沒有明智之士將其抓住，眼看著齊國一頁翻過，從此便不再輝煌。孫武對齊國的失望和可惜像兩隻拳頭一樣擊打著他的心，久了，誰也不曾想到，他的內心反而被擊打出了一個驚人的想法——他想以自己在齊國之所見寫一部兵書。這個想法產生後，因為具體的內容和書名還不清晰，加之他覺得亂世之勢已有抬頭，自己可先靜觀其變，等天下有了定勢，才好動筆。所以，寫一部兵書的想法被他暫時壓制在了內心深處。

人常說，亂世出英雄。實際上，亂世因其對世界規律的破壞，以及對人的思想和精神的摧毀，許多人才實際上都被亂世狂瀾淹沒了。孫武就是一個典型的例子。好在因為他對齊國的失望，反而催生了一部兵書的最初構思，這對他而言，反而又變成了好事。

二、執著的等待

孫武到了吳國，碰到了在後來成為他一生中最重要的朋友——伍子胥。初到吳國的孫武，實際上並沒有誰悉知他的才能，所以也便得不到賞識。當時的人要想出人頭地，都要經過「舉賢」（被有地位的王公貴族向朝廷推薦），但由於各諸侯鬧得不可開交，人才流動大，所以孫武也被淹沒在了龐雜的人群中。孤獨的孫武在吳都（今蘇州市）郊外閒走，碰到了因在楚國不被重用而來吳國求發展的伍子胥。兩人聊了幾句，知道對方均和自己有同樣的處境，不免同病相憐，惺惺相惜。但隨著談話的深入，兩人又發現對方很有才能，且有很大志向，是值得一交的人。兩人從此交往甚密，成為無話不談的密友。

不久，兩人面臨不同的選擇，伍子胥計畫出仕，而孫武卻仍想寫兵書。出仕面臨著拋頭露面，去為國家出力；而寫兵書是個人行為，需要隱居。道不同不足為謀，這一對好朋友便不得不分開了。好在他倆都是志向遠大的人，認為朋友分別乃人生之必須，所以互道幾句祝福之後，便愉快地踏上了各自的路途。

伍子胥天分過人，很快便受到吳王闔閭的賞識，成了吳國的重臣。而此時的孫武卻躲在吳都郊外的茅草屋中，每日捧書籍癡讀，一點也不為自己著急。其實，他也想出仕，尤其想當一名武將，只是他覺得自己的路與伍子胥的路不同，伍子胥可以去朝野百官中發揮自己的才能，而自己的專長在於軍事，只有寫出一部讓人們交口稱讚的兵書，才好謀得地位。但他此時卻仍壓制著動筆的念頭，不急於將兵書寫出。身處亂世，他不得不為自己「以書出仕」的這種方式思前想後，尋找一個穩妥的時機才出手。

伍子胥的仕途走得很好，但他不忘老朋友，勸孫武盡快出仕，但孫武總是說不急不急。孫武之所以不急，是因為他在觀察吳王闔閭。他心裡十分清楚，自己的兵書一出，必成為戰場上殺傷力極強之戰略，所以必須交到一個治國有道，愛民如子的君王手中，否則，只能引起更大更殘烈的殺戳。時間長了，他的觀察終於有了結果，闔閭禮賢下士，極為尊重人才，且治國有方，是一個難得的明君，吳國自受他治理以來，已蒸蒸日上，大有超越於眾諸侯國一聳天下的跡象。孫武覺得闔閭是一個值得自己為之奉獻才華的人，遂下決心，動筆撰寫兵書，完畢之後敬獻於他。

對孫武而言，這部兵書實際上早已熟爛於心，只不過就缺一個動筆的時機而已。現在時機成熟了，他完全可以奮筆疾書了。

三、兵書如刀

孫武將這部兵書起名為《孫子兵法》，全書共十三篇兵法，分別為：〈計篇〉、〈作戰篇〉、〈謀攻篇〉、〈形篇〉、〈勢篇〉、〈虛實篇〉、〈軍爭篇〉、〈九變篇〉、〈行軍篇〉、〈地形篇〉、〈九地篇〉、〈火攻篇〉、〈用間篇〉等，以春秋期間發生的諸多戰爭經驗為參照對象，總結出了一系列用兵佈陣，鬥智鬥勇的軍事謀略，其中有諸多被後人稱為「計謀」的作戰步驟，可謂是一部教人如何打仗，如何打勝仗的軍事寶典。他在計篇中說：

> 兵者，國之大事，死上之地，存亡之道，不可不察也。
> 故經之以五事，校之以計而索其情：一曰道，二曰天，三曰地，四曰將，五曰法。道者，令民與上同意也，故可以與之死，可以與之生，而不畏危。天者，陰陽、寒暑、時

制也。地者，遠近、險易、廣狹、死生也。將者，智、信、仁、勇、嚴也。法者，曲制、官道、主用也。凡此五者，將莫不聞，知之者勝，不知者不勝。

孫武的文筆也頗好，注重將《孫子兵法》寫得生動有趣，而不是那種生硬枯燥的指導原則。他在〈勢篇〉中有這樣一句頗具文彩的論述：

激水之疾，至於漂石者，勢也；鷙鳥之疾，至於毀折者，節也。

孫武胸中裝著千軍萬馬，但寫這部書時卻極其平靜。好友伍子胥已官至宰相，而他卻仍然隱居在郊外，一邊從山中引水灌園，耕地種菜；一邊撰寫兵書。他所隱居的處所著實為不起眼的農舍，他的衣著和每日的飲食起居，也不失為標準的農民方式，但誰也沒有想到，此人卻正在幹一件了不得的大事，一部前無古人的兵書將經由他之手橫空出世，讓世人震驚不已。

歷經了一些時日，孫武終於寫完了《孫子兵法》。此書的實用價值無可比擬，但字數卻並不多，以筆者手頭的漢王電子書中的《孫子兵法》所計，有三千餘字。孫武寫此書用的是竹簡，當時的寫作均是在竹簡上一個字一個字的寫，速度不能快，所以孫武也一定用了很長時間。寫完之後，他看著碼放在眼前的竹冊，內心一定很欣慰。一書兵書牽繫了他多年心血，為寫此書，他也像書中的情形一樣，讓自已靜若積水，藏之千仞，最終善出奇者，以礅擊卵。想想他從齊國出來這麼多年，無一日不在為寫一部兵書而做準備。現在，終於到了該出手的時候了。

孫武把兵書交給伍子胥，請他轉交吳王闔閭，並轉告自己的意思，此書助他治理吳國，是在戰場上能用得著的東西。伍子胥是有眼光的人，他為孫武這位老友數載不動聲色地醞釀一部兵書而唏噓不已，同時也為他的軍事才華而忍不住叫絕，於是乎趕緊把《孫子兵法》遞到了闔閭面前。闔閭一看《孫子兵法》大喜過望，此乃不可奢求之軍事寶典，其中如何克敵制勝的方法，讓他覺得陡然增加了無以計數的兵力。好書，寫此書者也實為軍事天才，可重用也。闔閭馬上請孫武入朝，封他為吳國大將軍。

在今天看來，孫武數載等待，實際上是一種謀略。他將兵書中的「謀」運用到了自己的人生中，同樣也運籌帷幄，穩穩當當。歷史上只記錄了孫武的出生年：西元前五三五年，而他的卒年卻誰也不知，成了一個永不可破解的謎。但一部《孫子兵法》卻讓他的名字永存，永遠聳立於軍事學開先河之位。

而他為一書而謀人生的隱忍策略，始終讓人產生敬畏之情。

史記

——司馬遷的懸崖筆記

【作者按】

《史記》原名《太史公書》，又稱《太史公記》、《太史記》等，在東漢末年被稱為《史記》，從此一直沿用至今。為行文方便，本文提及書名時，統一用《史記》。

一、壯行是一本書的雛型

今人看《史記》，便如魯迅所言，覺得這部書是史家之絕唱，無韻之離騷。而古人看《史記》，因了與司馬遷處於同一時代，或兩個時代相距不遠，便為他的悲慘命運，加之受他在文章中流露出的淒苦情緒感染，捧讀木簡的手恐怕會禁不住發抖。這本書一面因作者恣肆汪洋的才華而高蹈，一面卻又因作者被施於宮刑的殘酷命運而悲愴。好在相對於今天的讀者而言，時間已過去了兩千多年，與這本書相關的那些悲慘事件都已平息，這本書因而也就平靜下來，還原成了單純意義上的一本書。

《史記》是一本在前期做了大量準備的書，甚至可以說，是司馬遷與其父司馬談付出了兩代人的心血，才使之得以面世。從這本書的規模而言，因其為五十二萬字之煌煌大作，所以不付出艱辛勞動是寫不完的；從時間上而言，他寫了十六年，可謂是一部嘔心瀝血之作。

關於時間與這本書的關係，司馬遷心中另有企圖。他曾算過這樣一筆賬，周公死後五百年才出現了孔子，而孔子死後距他算那筆賬的那一年也正好是五百年。他覺得五百年理應出現一位文化聖人。算過那筆賬後，他內心湧起了抑制不住的激動——他要去當文化聖人，寫一本前無古人的大書。

司馬遷的出身應該說還是不錯的，司馬家世代修史為官，一位祖先在周代曾是朝廷太史，掌管著文史星卜方面的事。他父親司馬談在劉徹即位（漢武帝）後，被任命為太史令，一幹就是三十年。「談為太史公，仕於建元元封之間。太史公既掌天官，不治民。」從這裡可以看出，司馬談雖然是太史令，但沒有行政職務，只要搞好修史的工作便萬事大吉。

司馬談是一個博學的知識分子，尤其精通天文，對《易》學和黃老之學深有研究。司馬遷在父親的影響下，「耕牧河山之陽，年十歲，則誦古文。」由此可見，他從十歲起便開始學習「古文」，並在其父的啟蒙教育下逐入史門。正是司馬家的家學，以及父親的悉心指教，使他早早地走上了治學道路。

司馬遷在十九歲那年跟隨父親去了長安。也許是他父親給他安排得好，與他一起學習的有當時著名經學大師孔安國和董仲舒，他們一起學習《古文尚書》和《春秋》。也就在這一年，司馬遷成為補博士。

司馬遷的成長是很順利的，二十歲那年，他便隨博士褚太等人來了一次極其瀟灑的「循行天下」。按今天我們對中國古代文人的理解，尤其是修史的文人，就必須遊歷天下，到真正發生過歷史故事的地點去考察，才可得到確切的資料。

這一趟是司馬遷一生中走得最遠，對他產生影響最大的一次遠行。但他知道此行不是去玩，他必須把「景點」和歷史結合起來，搞一次專業考察。關於他的這次壯行，在這裡羅列幾例：到了會稽，他去感受夏禹遺跡的王者風範，在心裡琢磨他們何以有一統天下的雄心；到了姑蘇，便去體味范蠡曾經泛舟時的心情，尋思他在當時是怎樣的一種拿得起，放得下的心情；到了淮陰，便到處打聽韓信的故事，想把他的早年和日後做一個對比——人之秉性，到底是天生的重要，還是後天磨礪的重要；到了豐沛，便去劉邦和蕭何的故鄉，追問他們的早年故事，看看他們是從什麼時候開始給自己的人生定位的；到了大樑，便雙眼緊盯一條河，想像著秦軍在當年是如何引河水灌入大樑城的情形；到了鄒魯，他懷著極其虔誠的心情仰拜孔孟的家鄉，尋訪他們的足跡，感悟他們與山川構成的精神對接……

以前在書上讀到的關於這些地方的歷史，在那一次壯遊中一一得到了驗證。也就是從這時開始，歷史在他心中更清晰了。但這時的他仍很年輕，一心只求學習，並未意識到他所到之處，在日後會成為《史記》的諸多細節，而且此次壯行已經是《史記》的雛形。

二、司馬談的遺憾

關於《史記》成書的緣由，不應該忽略司馬談，因為這本書最早出於他的創意，不幸的是，就在他準備動筆時，卻不幸去世了。而有關這本書的故事，就更不應該忽略與司馬談有關的兩件事。

其一，他在生前所做的大量準備工作。如果他再活幾年，或十幾年，說不定就寫完了。《史記》最早的名字叫《太史公書》，當時的司馬談是太史公，由此可見，司馬談連這本書的名字都想好了。《隋書・經籍志》說：「談乃據《左氏春秋》、《國語》、《世木》、《戰國策》、《楚漢春秋》，接其後事，成一家之言。」可見司馬談有意沿《春秋》等書的路子，將《春秋》以後的史事寫成書。另有一例，據《太史公自序》，司馬遷二十四歲為郎中時，「侍從武帝巡視至雍，祭祀五，獲白麟。司馬談始修《史記》。」也就是說，在這一年，司馬遷已經開始寫《史記》了。

其二，他在臨死前對司馬遷的囑託，對他起到了極大的精神激勵。西元前一一〇年，漢武帝前往泰山舉行封禪大典，太史公司馬談隨行，走到周南（今河南洛陽）時，司馬談突感身體不適，很快連馬也騎不成了。後經診斷，他的生命已瀕臨危險。司馬遷聽到父親病危的消息，趕緊自巴蜀趕到周南。出現在他面前的父親已上氣不接下氣，但卻仍為不能從行於文武帝而著急。也難怪，他身為太史公，又怎能不親歷，不親筆記錄漢武帝封泰山這樣的大事。這一急便壞事了，他一下子呼吸短促，憤懣而死。在臨終前，他掙扎著對司馬遷說：「我死以後，你必為太史。做了太史，莫忘了我的遺願。今大漢興盛，海內一統，上有明主賢君，下有忠臣義士。我身為太史，而未能記載，愧恨不已。你一定要完成我未竟之業！」

父親死了，喪失親人的痛苦和寫書的責任都壓在了司馬遷身上。好在漢武帝很賞識司馬遷，「太史公卒三歲，而遷為太史令，紬石室金匱之書。」他繼任了太史令一職，可以盡情發揮他的才幹。這是好事。

過了一段時間，司馬遷從喪失親人的痛苦中慢慢解脫了出來，開始把精力集中到為寫《太史公記》的準備工作中。出於這一目的，司馬遷在讀遍皇家藏書處石室金櫃中收藏的文史經籍，諸子百家，及各種檔案史料。從他的才華而言，這不是惡補，而是鞏固。

父親臨終前的話在這時像一道光芒一般，廓開了他的視野。也就是在那時，他在內心第一次認識到，寫書之於自己，已經是一項無比重要的任務。他必須去完成，捨自己，再無他人能擔當此重任。

一切都準備好了，他可以動筆了吧。但他必須得先完成一件事，即改定沿用多年，但卻不合理的曆法。只有完成這件事之後，他才可以不受任何干擾，一門心思寫《史記》。當時，他們改曆法的隊伍不可謂不龐大，不光有中大夫孫卿和壺遂，還有曆官鄧平和落下閎，另外還有天文學家唐都等二十餘人，他們在一起通力合作，反覆計算和選擇，終於造成科學合理的「太初曆」。該曆法確定正月一日為一年之首，即大年初一（秦曆以十月為一歲之始）。他們的計算不可謂不精確，如他們把一月的日數精確到了二十九點五三天，把一年的日數精確到了三百六十五點二五天，如此先進的曆法，在當時為世界之最。

為了一本書，父親司馬談憤懣而死，兒子司馬遷繞了這麼大的彎子，才終於可以動筆了。也許司馬遷深知寫書之不易，於是「絕賓客之知，忘室家之業，日夜思竭其不肖之才力，務一心營職。」他要與世界斷絕關係，只進入到一本書的世界中去。

《史記》的第一篇是《五帝》。他在屏住呼吸在木簡寫下這兩個字時，他終於體味到了寫一本大書時所享有的快樂和幸福。

三、一句話惹來橫禍

一般情況下，一部作品在成書的過程中，似乎會用一種無形的模式要求作者付出艱辛的勞動。也就是說，著書立說從表面上看雖然是智力活動，但其中卻少不了體力上的堅持。歷史上多有著書者雄心勃勃地要完成一部大作，寫到中間，卻因身體撐不下去而不幸命殁，使其作不得不擱淺。

司馬遷的身體應該不錯，寫一本《史記》一點都不成問題，但他卻命運多變，因一句話惹來橫禍，不但入獄，而且使自己的身體受到了宮刑的摧殘。說那句話的時候，他正在草創《史記》。他的那句話是為好友李陵說的。李陵是「飛將軍李廣」的孫子。那一年秋天，李陵帶步兵五千人出征，與匈奴三萬人馬相遇，李陵率眾拚殺，雖射殺匈奴好幾千人，但終因矢盡糧絕和援兵不到而全軍覆沒。李陵被俘，匈奴讓李陵投降。李陵決定假降，以圖日後獲得機會後東山再起。這是一步無可奈何而為之的棋，走這一步棋的目的便就是暫時假降，先將匈奴唬弄過去，以求自己在日後再做打算。這只是李陵個人的想法，傳到中原的消息卻仍然是他投降了匈奴，滿朝文武於是皆震驚不已——李陵是李廣的孫子，爺爺一生都在和匈奴打仗，孫子卻投降了匈奴！

世間的事情總是相互牽連。司馬遷本來在家中一心一意寫書，寫到滿意的地方，說不定會停下來吟誦再三，擊掌歡呼。但有一天皇帝緊急議政，其議題是如何解決李陵投降匈奴的問題。司馬遷只是一個太史令，本不應該站出來說話，但他卻在當時站出來向漢武帝進言，聲稱李陵是假降，在等待東山再起的機會，希望朝廷能夠理解李陵，不要怪罪於他。說那句話時，司馬遷很自信，他和李陵是知心朋友，他很相信李陵之所以那樣做的用心。

但漢武帝正在為李陵投降匈奴而惱火，一聽司馬遷的話，更是怒不可遏。漢武帝認為他是在為李陵辯護，同時有意貶低勞師遠征、戰敗而歸的漢武帝夫人的哥哥李廣利。於是，便氣憤地下令將司馬遷打入大獄，等候處斬。剛剛說話時很自信的司馬遷，一聽漢武帝下了這麼一個命令，一時恐怕心裡便很緊張了。但話已從他嘴裡說出去了，漢武帝已經發怒，一切都沒辦法改變了。司馬遷被打入大獄後，被當時名聲很臭的酷吏杜周接管了案子。杜周看不慣司馬遷，便嚴刑審訊他，使他在的肉體和精神上受到了摧殘折磨。他本想自殺，但一想到父親臨終的遺言，以及自己多年搜集資料，要寫出《史記》的夙願，便只能選擇忍辱負重，苟且偷生的方法，以望日後出獄能繼續把一本書寫完。

他選擇忍辱負重的方法，即接受宮刑。但按當時法律的相關規定，他雖然已惹禍上身，沒辦法改變，但罪卻有辦法改變，他如果交一定的贖金或接受宮刑，便可免於一死。司馬遷家裡窮，加之他得罪了皇帝，所以周圍人都不敢借錢援助他。司馬遷別無選擇，只能選擇宮刑。宮刑，也就是割去男人的陽根，司馬遷不可能不為此感到害怕，但這個選擇卻可以讓他活命，他便也就只能如此了。

其實，他之所以做這個選擇是另有原因的。當時，他正在極佳的寫作狀態中，雖然是草創，但他已經意識到自己正在寫一部「究天人之際，通古今之變，成一家之言」的曠世奇書。這樣一比較，他便因一本書升起的激情沖淡了要領受宮刑的恐懼。他也許會在內心安慰自己，我要活下去，我是為一部大書而活，所以我只要活著就有價值。

開始施宮刑了，一刀子下去，司馬遷慘叫一聲，下身便空了。而這時傳來了更不好的消息，李陵真的投降匈奴了。其實，李陵是被漢武帝逼得走投無路，才真投降匈奴的。李陵在匈奴中虛以委蛇，從不給匈奴幹實事，在內心深處一直保持著對朝廷的忠貞。但陰差陽錯發生的一件事卻再次把他推向了命運的低谷，在匈奴中還有一個叫李緒的漢朝降將，他死心塌地投降了匈奴，一門心思給匈奴訓練軍隊，李陵看不下去了，心裡琢磨著找個機會除掉這個狗東西。但未等他動手，一個消息卻傳到了漢武帝耳中，有人誤把李緒說成李陵，說他在幫匈奴訓練軍隊。漢武帝一聽之下大怒，將李陵的老母和妻子斬首長安街頭。

一場風第二次刮起，所以誰都往一邊躲。再沒有人敢給李陵說話了。李陵在西域聽到這個消息，淚水沖湧而下。事到如今，他便徹底崩潰，徹底絕望——想想我李氏家族世代為你漢朝效命，你卻讓我們代代受屈，我為何還要忠於你。家族的積怨終於掩蓋了李陵投降的內疚，他索性真降，先前想在邊疆立功，振興李氏的理想隨即一一破滅。李陵死心塌地地投降了匈奴。

李陵真降匈奴，對先前為李陵申辯過的司馬遷來說是要命的事情。誰都覺得，司馬遷所說皆一派胡言，這不，這麼快便由事實證明了一切。在大獄中，司馬遷聞著下身被施刑後一直散發出的惡臭，內心也至不住一陣陣淒涼。司馬遷深知李陵的良苦用心，但他遙對西域欲喊無聲，欲哭無淚。他只有在內心感歎，可惜了，本來年輕有望的李陵一去西域，便踏上了一條不歸路。

雖然司馬遷在獄中生不如死，「交手足，受木索，暴肌膚，受榜棰，幽於圜牆之中，當此之時，見獄吏則頭搶地，視徒隸則心惕息。」（〈報任安書〉）但卻被容許看書和寫作，這樣，他便沒有停止手中的筆。或者說，他儘管沒有寫，但他的心卻在寫，日後成書的那些精彩篇章，實際上就是他在獄中一次次在心裡寫完，待日後落筆，字字便如擲地之石，無需再做更改。

他就是為了一本書才活下來的，他活著唯一能做的，或唯一能證明他生命價值的也就是這一本書了。來自身體的疼痛讓他生不如死，來自精神上的屈辱讓他九曲回腸，他必須要用由一本書豎立的信心來與之對峙，唯如此，他的心理才能稍微輕鬆一些。關於他的這種狀況，在〈報任安書〉一文中可窺一斑：

> 古者富貴而名摩滅，不可勝記，唯倜儻非常之人稱焉。蓋西伯（文王）拘而演《周易》；仲尼厄而作《春秋》；屈原放逐，乃賦《離騷》；左丘失明，厥有《國語》；孫子臏腳，《兵法》修列；不韋遷蜀，世傳《呂覽》；韓非囚秦，《說難》《孤憤》；《詩》三百篇，大底聖賢發憤之所為作也。此人皆意有所鬱結，不得通其道，故述往事、思來者。乃如左丘明無目，孫子斷足，終不可用，退而論書策，以舒其憤，思垂空文以自見。

司馬遷終於以驚人的意志忍辱負重活了下來。過了幾年，漢武帝大赦天下，司馬遷這才得以出獄。《漢書・司馬遷傳》中說：「遷既刑之後，為中書令，尊寵任職。」職務由原來的太史令降為中書令，這其實已經不重要了，重要的是，司馬遷終於可以繼續寫書了。

踏出獄門的一刻，他的臉上或許並不會出現驚喜之色，但他的內心卻變得更加堅定，他知道，從這時候開始，一本前無古人的大書將經由自己的手面世。

吃了那麼多的苦，受了那麼多的罪，他唯一的目的便在於此。

四、中國第一部紀傳體通史

算起來，司馬遷寫《史記》共用了十六年時間。這是中國的第一部紀傳體通史，全書包括十二本紀、三十世家、七十列傳、十表、八書，共一百三十篇，五十二萬六千五百餘字。全書上至傳說中的黃帝，下至漢武帝太初年間的政務，內容歷上下三千年之久。它不光只講史，同時還是一部文學作品，開創了中國傳記文學的先河。縱覽全書，它的主體部分是「本紀」、「世家」和「列傳」，但相比較而言，其中的「列傳」最為精彩。

因書中多精彩篇章，所以有很多動人的故事。有人論及《史記》，也多用「史記故事」為論證對象。在此，筆者引幾例與大家共賞：

> 夜聞漢軍四面皆楚歌，項王乃大驚曰：「漢皆已得楚乎？是何楚人之多也！」項王則夜起，飲帳中。有美人名虞，常幸從；駿馬名騅，常騎之。於是項王乃悲歌慨慷，自為詩曰：「力拔山兮氣蓋世，時不利兮騅不逝。騅不逝兮可奈何，虞兮虞兮奈若何！」歌數闋，美人和之。項王泣數行下，左右皆泣，莫能仰視。
>
> ——〈項羽本紀〉

巨鹿一戰，項羽大軍過河後，接到一個命令，將所有船隻沉入河中，並只帶夠吃三天的糧食，遂與秦軍決一死戰。這便是「破釜沉舟」的由來。有了這般置死地而後生的精神，項羽秦軍打得大敗。戰鬥結束，項羽召見部下，他們逐一進入項羽大帳，竟無一人敢抬頭看項羽，可見項羽是何等威風。霸王項羽，一世征戰無數，被他殺過的人，屠過的城更是無以計數。但他在最後卻並不因失敗而氣餒，而是一幅兒女情長，讓人看到了他心硬似鐵的另一面，同時也欽佩他乃有情有義的真英雄。司馬遷對項羽的勇猛做了細緻的描繪，當項羽僅剩二十八個騎兵，而身後有幾千名漢軍士兵逼近時，項羽雙目圓睜了，向漢軍士兵一聲怒喝，把那些漢軍士兵嚇得後退了幾裡才敢回頭。這樣的細節描寫，讓人覺得失敗的英雄仍不失為英雄，兩千多年過去，他似乎仍在我們眼前。

司馬遷膽子大，敢寫。大家都知道，項羽乃漢武帝的先祖劉邦的死對頭，他這麼美化項羽，把項羽寫成了一個「力拔山兮氣蓋世」的一代英豪，不知是否考慮過漢武帝的感受？看來，他是遵從於歷史，從不讓自己的筆下有虛假文字的。

> 項王……為高俎，置太公其上，告漢王曰：「今不急下，吾烹太公。」漢王曰：「吾與項羽俱北面受命懷王，曰，『約為兄弟』，吾翁即若翁，必欲烹而翁，則幸分我一杯羹。」
>
> ——〈漢高祖本紀〉

劉邦與項羽兩軍對壘，項羽把劉邦的父親劫持到陣前，要脅劉邦讓步，如不讓步，便把他父親下鍋煮了。這時候，一貫善於耍流氓的劉邦又拿出了他的老一套，對項羽說我們曾「約為兄弟」，所以我父親也就是你父親，你若真的要煮，那就分給我一杯肉湯吧！

在這裡，司馬遷的膽子更大，更敢寫了。他因為向李陵說了一句話，惹了那麼大的麻煩，但他卻仍然不管不顧，把漢武帝的祖先就這樣明嘲暗諷地寫來寫去，難道就不怕再次惹禍上身？他也許想到了這些，但他管不了那麼多了。也許，正是因這本書引出的血淚之痛，反而促使他要進行一番淋漓盡致的敘述。

> 李斯者，楚上蔡人也。年少時，為郡小吏，見吏舍廁中鼠食不潔，近人犬，數驚恐之。斯入倉，觀倉中鼠，食積粟，居大廡之下，不見人犬之憂。於是李斯乃歎曰：「人之賢不肖譬如鼠矣，在所自處耳！」
>
> ——〈李斯列傳〉

司馬遷在《史記》裡寫了許多英雄人物，如李廣、張騫、班超等等，同時，他也著力寫了一些有著醜惡嘴臉的人物，如李斯、商鞅等等。司馬遷是文學高手，他把一個個帝王將相才子佳人的身後事全盤端出，隨便玩弄於筆墨間，只要一發現其行為不羈，便筆鋒一轉，劃入另冊，蓋棺論定。商鞅更是被刻畫得入木三分，他寫商鞅是一個做事認真但做人極差的人，最後，商鞅把做事方面的特長用於做見不得人的事上，變成了一個天才型的小人。從刺客列傳和滑稽列傳中，司馬遷又為我們介紹了一些黑道和下層的人物，他認為他們所言所行「談言微中，亦可以解紛」，表現出了他「醜中見美」的美學思想。

在這裡，司馬遷三言兩語就給李斯畫定了賊眉鼠眼的形象。李斯為廁中的老鼠感歎一番後，便把老鼠腰斬，然後在一個月夜離去。在路上，他已想好了以後如何活下去的辦法。因這一走，他確實升官發財了，以至於到了一人之下，萬人之上的地位。但在最後，他卻落了一個像被他當年腰斬的老鼠一樣的下場——被判五刑加腰斬。五刑為劓鼻、割舌、剁肢、笞殺，而腰斬則是五刑執行完後，再攔腰一刀讓他跟這個世界道別。他很慘，但這還不夠，他的家人，三族、賓客門生……凡是和他有關的人，皆被連累斬首。幾個劊子手呼呼嚓嚓砍了一天，才把他們全部殺完。

司馬遷的一切都和一本書聯繫在了一起，所以說，他的故事也就是一本書的故事。而書中的故事，就這樣一浪漸息，一浪又起，似乎總是讀不完。

五、書和人共屬一個謎

之後，司馬遷和《史記》的故事，都歸結為千古不揭的謎。司馬遷是怎樣死的，《史記》是怎樣流傳的，至今誰也說不清楚。

西元前九十一年，司馬遷完成了〈報任少卿書〉，這是他一生中的最後一篇文章。司馬遷完成《史記》後曾說：「僕竊不遜，近自托於無能之辭，網羅天下放失舊聞，考之行事，稽其成敗興壞之理，凡百三十篇。」「僕誠已著此書，藏之名山，傳之其人。」由此可見，當寫作的熱乎勁過去後，他仍然為這本書的命運擔憂，尤其當他下身的惡臭仍未散盡，並不時地夾雜著一絲疼痛時，他的內心便一陣陣淒涼。

寫一本書能頂什麼用啊！他一點進取心都沒有了，只想隱退山林，或去做一名民間知識分子，然後把《史記》送到民間去，傳給可傳之人。他內心翻滾著悲哀的酸水。當初選擇宮刑時，他曾做過激烈的思想鬥爭，受過宮刑的人，從此便沒有社會地位，愧對祖宗。這樣的例子在史上大可追溯，如衛靈公與宦官雍渠同乘一車，孔子在一旁羞恥無比，遂離開衛國去了陳國；商鞅得以依靠宦官景監的推薦，而被秦孝公召見，賢士趙良在一旁感到寒心；太監趙同子陪漢文帝同乘一車，袁絲為之臉色大變……

自古以來，不論一個人怎樣慷慨剛強，一但當了宦官，便無不屈辱，無不受人們鄙視。如今朝廷人才濟濟，漢武帝自我感覺極好，怎會高看一眼受過宮刑的我司馬遷呢？他對我這個人不會高看一眼，又怎會高看一眼出自我手的一本書呢？加之以前自己因言不慎惹禍，所以這次他對這本書不但不抱希望，反而悲觀之極。

第二年，司馬遷死了。雖然他死因不明，但他那顆長久被痛苦折磨的心靈終於得到了最後的釋解；隨著他閉上那雙痛苦的眼睛，他所有的怨憂，憤懣、疼痛，都一一化為烏有了。關於他的死，《漢書舊儀注》說：「司馬遷作〈景帝本紀〉極言其短，及武帝過，武帝怒而削去之，後坐舉李陵，陵降匈奴，故下遷蠶室，有怨言，下獄死。」照此推斷，他在《史記》中因說了漢武帝的過錯，惹得人家不高興，到了他為李陵說話，便積怨而發，把他打入大獄了。但如果他是死在獄中的，那麼《史記》又是如何被完成的呢？

幾年前，筆者看到郭沫若的〈關於司馬遷的死〉一文。郭老在文中為司馬遷死於大獄的說法表明了自己的觀點：「下獄死事，必世有流傳，故衛宏、葛洪均筆之於書，諒不能無中生有，以歪曲史實。」郭老一言，多多少少讓世人覺得，關於司馬遷的死因，還是不說為好。

再說《史記》在成書之後的命運。司馬遷生前雖然想將這本書「藏之名山，傳之其人」。但從各種歷史資料來看，《史記》並未步入民間，而是被送到了漢武帝跟前。漢武帝舉簡細看，一本書的命運便懸若垂絲，隨時都有可能綳斷兩截。因為司馬遷在書中毫不忌諱地寫了皇帝、王侯、貴族、將相、大臣，以及地方長官的方方面面。他既褒揚他們高尚光彩的一面，也揭露他們腐朽、醜惡，以及剝削和壓迫人民的一面。尤其對漢代之罪惡揭露得一覽無餘。至於漢武帝的過失，他就不客氣了，他一一揭露漢武帝大張旗鼓搞的封禪祭祖、祈神仙活動的虛妄活動。在〈封禪書〉中，他把漢武帝搞迷信，祈求長生不死藥的荒謬行為，用真實的細節淋漓盡致地展示了出來。

漢武帝是第一個為《史記》把關的人，你先把他罵了，他能讓你的書出版發行？縱然你已經死了，他無法拿你怎樣，但他會把氣出在書上，會毀書，或禁止外傳。漢武帝看到罵他的地方，氣憤地把木簡甩在了地上，木簡在地上劈啪作響，猶如是在為命運苦苦掙扎著。

最後，漢武帝氣消了。也許是出於對這本書承擔著三千年歷史的考慮，抑或還因他在晚年確實有了懺悔之心，反正，他寬容了這部書稿，讓它公諸於世了。

一本書悲愴的命運，至此終於結束。

漢書

——班固戳別人也戳自己的刺

一、盛世必出史書

似乎有這樣一個規律，在古代，每逢盛世必出史書。比如漢武盛世時出了《史記》，東漢經過光武、明、章等皇帝治理後，便又誕生了一部煌煌巨著《漢書》。書是人寫出來的，這是不可否認的事實。但我們不應該忽略其前提，即一個時代的文化代表人物和其所撰著作，其實就是一個時代的代言。一本書因為對一個時代起到了作用，或者說被皇帝關注，那麼這本書就上升到了國家意義範圍內，其命運就會好得多。

從最初的命運而言，《史記》和《漢書》有驚人的一致性，兩本書都是由兩位父親創意並執筆撰寫，但這兩位父親卻都沒寫多少便不幸逝世，於是由他們的兒子接替重擔，將兩本書完成了。

從時間上而言，先有《史記》，後有《漢書》，但兩本書的內容卻是有關係的。司與遷死後，有不少人認為《史記》只寫到漢武帝的太初年間，應該繼續編寫下去。於是有劉向等人便開始續寫《史記》。班彪閱讀了他們的文字後很不滿意，遂「採其舊事，旁貫異聞」為《史記》「作《後傳》六十五篇」。班彪專門研究儒學，用今天的話說是大知識分子，有可能是教授級別，或國家社會科學院的專家。所以，他寫《漢書》，便註定這本書的質量一定不錯。

起初，班彪對一本書的寫作思路很清晰，但卻缺少書名。班彪想了想，覺得沿用司馬遷的書名有拾人牙慧之嫌，於是便決定用《漢書》一名。應該說，這是一個很不錯的名字，不但與《史記》互為對照，而且讓人一目了然，一看就知道是寫歷史的書。

班彪下決心要走司馬遷走過的路時，一定是很興奮的。以他的學識和才華，完成一本書應該是不成問題的。史書上說，班彪雖家況甚好，但直至兩漢之際，都未登顯要。由此可見他是一個閒人，加之又家境甚好，所以他可以居家一門心思寫書，不會受到什麼影響。

我想，我們瞭解一本書的故事或命運時，應該注重瞭解一下寫作者本身的素質對其起到的影響。也就是說，寫作者的素質高，便註定會讓一本書被眾人賞識。同樣，也因為像司馬遷和班固這樣是在政治舞臺上高蹈的人，所以他們的書也遭遇了和他們一樣的坎坷；他們被打入大獄，他們的書便面臨著被毀或被禁的命運；他們歷經九死一生終於活下來，他們的書便又有了面世的機會。所以說，書故事其實也少不了作者的故事。

但班彪人生苦短，只寫了十卷就不幸去世了。班彪去世後，兒子班固接過了那幅重擔，全身心投入史書編撰之中。為寫一本書，班彪一家兩代人就這樣排成了一個為歷史著書立說的隊伍，為歷史一筆一劃慢慢勾勒著畫像。這一家人是多麼了不得，寫東西均為業餘寫作或個人愛好，但幹的卻都是國家大事。班固在這樣的家庭環境長大，自然有很好的底子，是知行合一的知識分子，而且他明白自己此生必走吃文化這碗飯的路子。

盛世必出史書。但凡盛世，大概有很多值得寫的東西，而很多人又覺得為盛世寫一部作品是很光彩，很能證明自己成就的事情，所以，便有了一大批修史著書的人。班彪一家兩代人為歷史著書立說，大概也有這方面的原因。

史書上這樣介紹班固：「年九歲，能屬文誦詩賦，及長，遂博貫載籍，九流百家之言，無不窮究。所學無常師，不為章句，舉大義而已。性寬和容眾，不以才能高人，諸儒以此慕之。」從時間的脈絡上而言，《漢書》從父親班彪的手上移到了兒子班超的手上，除了班彪因早逝而讓人遺憾外，這本書的命運倒沒有多大的起伏，反之，卻因班固更年輕，更具才華而迎來了更好的機遇。

二、初經磨難

父親死後，班固開始整理父親的遺稿。也就是從這時開始，他意識到自己此生將幹一件意義重大的事情，所以他非常認真，暗下決心要把《漢書》寫好。

書的背後必然有人，而人之所以撰書必然又有原因。班固的家世，實際上是一個書香門第，而且其地位不在一般層面。這一點史書上有交代：「傾動前朝，薰灼四方，賞賜無量，空虛內藏」，即使到了未登顯要的班彪這一代，卻仍然「家有賜書，內足於財」。所以說，他們這一家人寫書，想要的恐怕不是一官半職，相比較而言更重要的是想維持他們家族歷代沿襲下來的文化榮耀。

古人寫書，沒有今天的寫作者這樣便利的條件，所以速度是比較慢的。尤其在漢代，人們寫書用的是木簡，在上面一個字一個字的寫，要完成一部書，其耗時長則幾十年，短則十幾年，有的人一輩子也就只能寫一本書。因為有父親打下的基礎，加之他已完成十卷，所以班固的撰寫要容易一些，他只需按照父親的思路續寫即可。

開始動筆了，班固卻為一個問題犯愁。他發現，父親的文字多為《史記》的後傳，雖然從時間上把漢武帝之後的事件一一連接了起來，且對視野的範圍也有所擴大，但給人是連掇於司馬遷的「後傳」的印象。他想，為何不跳出司馬遷之框格，獨寫一部《漢書》呢？

如何成書，重在構思。班固這麼一犯愁，《漢書》卻迎來了一個命運新契機，隨著他慢慢轉換，並逐漸清晰的思路，這部書將以一種新的面貌出現。由此可見，班固是一個有大志向的人，而且做事沉穩，不會盲目而為。

稍擱筆，換來了一個很好的思路，班固一定很興奮。於是在某一天，他再次動筆，開始了對一部大書的撰寫。他的弟弟班超和妹妹班昭也時時幫他打下手，為他做一些輔助工作。他的寫作應該說是順利的，他的筆在按照思路在向前推進。他計畫除了補充司馬遷在《史記》中的一些缺失外，另寫紀、表、志、傳等，從形式到規模創立自己的新模式，力爭使《漢書》成為繼《史記》之後的又一部重要史書。

班固全身心沉浸在創作的快樂中，卻不料飛來橫禍，讓他一下子面臨生死的危險，《漢書》也似乎不可能再寫下去，要胎死腹中。原來，他關起門在家一門心思寫書，而有關他要寫《漢書》的消息卻已經廣為傳播，賞識他的人為他高興，認為他有出息，在為國家幹一件大事情，而嫉妒他的人卻因他在心裡冒酸水，認為他搶在他們之前做了他們尚未做的事。他讓嫉妒他的人不舒服，於是他們便恨上他。更為可怕的是，那些人是善於搞陰謀的小人，他們頭碰頭一合計，便給班固捏造了一個「私改作國史」的罪名，告到了朝廷。這幾個小人很陰險，他們費盡心機捏造的罪名多少還真沾了點邊。當時，如不是受命於朝廷指示，誰也不能撰寫有關國史一類的書籍。漢明帝為此也不高興，下詔將班固抓捕，關進了大獄。鑒於他的行為與書有關，所以他家中的書籍也被查抄。

班固和《漢書》一時都命懸一線，很有可能被死神的大手一併扼制於另一個永遠黑暗的世界中，永不見天日。班固和《漢書》這樣倒楣，小人的陰謀得逞了，他們躲在不為人知的角落偷偷發笑。

班固身陷大獄，有口難辯。這時，他的弟弟班超站了出來，為哥哥遭受的冤屈四處奔波。史書上介紹班超：「為人有大志。」正是因為他有剛烈的性格，所以他一定要把哥哥從大獄中挽救出來。不久，他便弄明白哥哥是因寫《漢書》遭人嫉妒才落此下場，於是便向漢明帝上書，陳述班固著書本意乃為朝廷著想，並非他個人私念，更沒有私自改作國史之行為。明帝責令相關的官員審稿，得出的結論與班超所說一致。班固無罪，被放出牢獄。

經歷了一場生死驚嚇，班固一定嘘唏哀歎，對那些小人既憤恨而又無可奈何。但因這場驚嚇，他和《漢書》卻因禍得福，雙雙迎來了一次好的機遇。明帝讓人將班固已完成的書稿送到朝廷，他看過之後，很為班固的才學而激動，認為他是不可或缺的人才，便下令把他召到校書部，任命他「蘭臺令史」一職，專管漢朝收藏圖書。

受傷或受驚嚇的心靈在這一安慰之下，想必可以得到緩解。班固打起精神，到校書部上班去了。而《漢書》在命運中的第一次磨難，也算得上是有驚無險，而且因為班固的命運轉變，已上升到了朝廷的高度和意義範疇內，正等待著被班固用充滿激情的筆一點一點地寫出來。

三、聆聽與征戰

實際上，《漢書》是班固用業餘時間寫出來的。他雖然受明帝器重，但他的本職工作是收藏圖書，並非專職寫作。在當時，大概沒有國家白養著，吃閒飯，卻不出東西的專業作家。班固有能力，無需他人幫助或依靠什麼優厚條件，他一個人便可以把活兒幹好。

此時的班固很年輕，充斥在他內心的動力，大概有兩種。其一，他在文學方面渴望成功——與所有的事相比較，他其實最喜歡文學，所以他想在文學方面實現夢想；其二，給那些整過他的小人一個回應，此事我一定要幹下去，你們又能怎樣，在一邊眼紅去吧。他心裡可以這樣想，但因為吃過虧，加之此時的他已經很老練，所以他一定不動聲色，不會讓小人抓住把柄。

他一邊寫書，一邊在兢兢業業幹著本職工作。他先後與陳宗等人共同撰成〈世祖本紀〉，職務也升遷為郎，負責校定秘書。隨後，他又與另外幾人共同記述功臣、平林、新市、公孫述事蹟，作列傳、載記二十八篇，並被列入國史。章帝繼位後，由於他偏愛儒術文學，班固又得到了他的賞識，多次把他召入宮廷侍讀，並在出巡時讓班固隨侍左右，做一些賦頌。班固白天忙完了公務，晚上回到家，挑亮燈盞，開始一字一字寫書。

相比較那些充滿了血腥的書故事，班固這樣默默地寫《漢書》，倒也平安幸福了許多。人怕出名豬怕壯，有些事情就得悄悄地幹，一但幹成，別人便沒有機會拿捏你了。班固利用業餘時間寫書的那些日子，全身心一定充滿無比欣悅的快感。一部《漢書》，凝結了他們家兩代人的心血，而且還差一點讓他搭上了性命，所以他憋足了勁兒一定要把這部書寫好。

在寫《漢書》的過程中，班固先後幹了兩件大事。

（一）主編《白虎通德論》

建初四年，章帝準備在白虎觀幹一件大事，因為賞識班固，便讓班固負其全責。班固接到命令，便不得不停下正寫到興頭上的《漢書》，到白虎觀忙乎去了。說起來，章帝要幹的確實是大事。儒家到了漢代，幾經演變則變成了經學，而且也不再隸屬於諸子百家之中，而是一躍而起淩駕於百家之上，並在意識形態裡逐漸樹立了統治地位。不久，又出現了今文經學和古文經學的派門，其今文經學一派力爭要用當時盛行的隸書寫字，而古文經學一派卻堅持要用秦始皇焚書坑儒之前的古文字寫字。兩派之爭愈演愈烈，章帝也為此很頭疼，但他敏感地意識到，如不加強文化管理，自己的統治地位必將因之動搖。

於是在西元七十九年，章帝決定效仿西漢宣帝石渠閣的方法，在白虎觀召集當代名儒討論五經同異的問題，並親自裁決。他的目的是讓今文經學派的力量崛起，將儒家思想與讖緯神學緊密結合，加強儒家立義在思想領域的統治地位。全國的那些大儒，也就是當時最有名的知識分子都來了，大家你一言我一語地討論五經的異同，氣氛異常熱烈。討論到最後，今文經學一派佔了上風，當時盛行的隸書成了大家的首選用字。

班固把大家討論的整個紀要整理後，編成了《白虎通德論》。其實，班固也是一個古文經學的崇尚者，按照常理，在今文經學獲勝後，會議的紀要就不考慮他來編撰了，但章帝賞識他，覺得那些堅持今文經學派的人的水平尚不及班固。所以，便讓班固編撰了那本書。

熱鬧的討論結束了，書編撰完了，班固回到家，又開始夜以繼日地撰寫《漢書》。

（二）征伐匈奴

班固本來是一介書生，不宜征戰沙場，勞馬困頓，再說他還要寫煌煌大著《漢書》，是不應該分散精力和時間去湊那份熱鬧的。但也許他在官場上待得時間長了，對那些身獲厚功者忍不住心嚮往了，於是便在五十八歲那年也去過了一把打仗的癮。他之所以能夠由文變武，其實與他的人脈關係有關，在朝廷上下，他有很多要好的朋友，比如竇太后的兄弟、大將軍竇憲，就是他的鐵哥們兒。

和帝永元年（西元八十九年），竇憲要率兵去攻打匈奴，班固一經申請，便被任命為中護軍，參與謀議。這個職務大概不會去衝鋒陷陣，是在後方起到出謀劃策，運籌帷幄的作用。

那次攻打匈奴很成功，漢軍將匈奴擊得大敗，致使他們不得不向居庭塞以外撤去。在漢代，匈奴乃歷代皇帝之心頭大患，誰若將匈奴擊敗，便會令整個朝野刮目相看。竇憲的那一仗為他打出了功勞，班固也覺得那一趟出來的很有價值，內心充滿勝利的喜悅。

大軍返回經過燕然山時，竇憲腦子裡冒出一個念頭——刻石記功。竇憲之所以冒出這個念頭，實際上是有原由的，燕然山在很多武將心目中是一個展示榮耀的夢想之地，誰若能夠到燕然山「勒石」（即刻石記功），那就說明他有不可一世之戰功。關於這一點，范仲淹的詩「燕然未勒歸無計」便是例證。

榮耀人人都喜歡，燕然山自然也讓人怦然心動，竇憲沒有考慮自己在燕然山上「勒石」妥當與否，也沒有考慮如果朝廷不容許，他那樣幹恐怕會惹麻煩。他被勝利沖昏了頭腦，心裡冒出念頭，便馬上付諸實施，讓班固為他撰寫了碑文《燕然石銘》。

班固顯然也被勝利沖昏了頭腦，或者太過於重哥們義氣，於是便馬上為竇憲撰寫了碑文。一陣叮叮噹噹的鑿刻聲響起，那篇《燕然石銘》便永久地被刻在了燕然山上。他們欣賞了一會兒，便率軍返回。

回到家，班固又全身心投入了《漢書》的寫作中。從時間上而言，這部書因班固一直用業餘時間創作，加之又被調去編書，外出打仗這樣的事耽擱，所以時間繼續得有些長了。班固也意識到了這一點，所以他想加快速度，早日讓這部書面世。然而，因他為竇憲撰寫了那篇碑文，一場巨大的災難像遮天覆地的狂風一般，正向他彌漫過來。他和《漢書》也將在這場災難之中遭受巨大的傷害。

四、牢獄之死

趁那場災難還沒有到來，班固還沒有死，《漢書》還沒有留下遺憾，在這裡，我們先看看班固已完成的《漢書》所取得的成績。班固是天才，在寫作中顯示出了驚人的策略和膽識。他對《史記》進行了糾偏補缺的工作，如將西漢時有影響的制度和法令補入了《惠帝紀》。他還根據《史記》之缺，增加了王陵、吳芮、蒯通、伍被、賈山等人的專傳。他還把張騫從《衛將軍驃騎列傳》中抽出，將其事蹟加以擴充，寫成了專傳。

另外，他將賈誼、晁錯、韓安國等人的傳細細梳理，在其內增補了不少相關的詔令奏疏，使他們更具形象感。引用詔書和奏議的這一嘗試方式，使《漢書》因顯得完整和多樣性而大放光彩。在體例結構上，他大破《史記》的通史之慣例，讓《漢書》變成了一部斷代史，把《史記》中的「本紀」改用省略為「紀」，「列傳」改用省略為「傳」，「書」改為「志」，並取消了「世家」，將漢代勳臣世家平等對待，統一編傳。他的這種創新，遂成為後來的史書沿用模式。他還在《漢書》中增加了〈刑法志〉、〈五行志〉、〈地理志〉、〈藝文志〉，逐一對其歷史沿革做了詳細敘述。

應該說，班固的《漢書》至此已基本上完成，除了後來他妹妹班昭和馬續補寫的〈天文志〉和表八篇外，他已完成了紀十二篇，志十篇，傳七十篇。《漢書》全書八十萬字，他寫了七十萬字左右。

就差了那麼一點，班固卻沒有完成《漢書》。原因有兩個，其一，他為竇憲撰寫了那篇要命的碑文；其二，他平時不注意言行，得罪了人。

他隨竇憲打完匈奴回來後，便進入竇憲府中，成為竇憲的親信幕僚，而且和竇憲的關係日益親密。關於那篇碑文的事在起初並沒有引起誰的注意，似乎也就那樣過去了。但隨著竇憲與他人在政爭中失敗，繼而自殺，班固撰寫碑文的事便浮出了水面。竇憲有罪，他還為其撰寫歌功頌德的碑文，並私自刻在了燕然山上，那他便也有罪了。於是，他被抓了起來。被抓的那天，他也許仍在伏案奮筆疾書，抓捕他的人破門而入，不由分說便將他綁了。當時的場面大概有些亂，他寫好或未寫好的木簡散於一地，抓捕他的人不管那麼多，扭著他出門時把木簡踩得劈啪響。他來不及回頭，便被抓走。一部中國書籍史上無比重要的書，就那樣像被抽散了骨頭似的躺在地上，而班固，卻再也沒有機會親手將它們連掇一體，他這一去，便與這部馬上就要寫完的嘔心瀝血之作永別了。

也許，他因為尚未寫完《漢書》這樣重要的書，朝廷會免他死罪，讓他繼續把書寫完。但他運氣不好，辦理他這件案子的是他得罪過的洛陽令種兢，事情一下子便麻煩了。《後漢書・班固傳》中對這件事有詳細的記載：

> 固不教學諸子，諸子多不遵法度，吏人苦之。初，洛陽令種兢嘗行，固奴幹其車騎，吏椎呼之，奴醉罵，兢大怒，畏憲不敢發，心銜之。及竇氏賓客皆逮之，兢因此捕繫固，遂死獄中。時年六十一。

從這段話中可以看出，班固身上有豪富或外戚的不良習氣，而且對諸子管教不嚴，以至於他的家奴都敢奪洛陽令的車騎，並乘醉詈罵。起初，人家懾於竇憲的勢力沒有出聲，現在竇憲這棵大樹倒了，人家便藉機羅織，要收拾你了。

有一種可能，班固的身體不好，被打入大獄後不久，便一命嗚呼而亡。他死得有點可惜，而且也太快，等人們知道他的確切消息後，他的屍體一定已經冰涼，一切已無可挽回。藉公洩私憤

的種兢也沒有得到好下場，班固死後，朝廷很生氣，「詔以譴責兢，抵主者吏罪。」（《漢書・班固傳》）

《漢書》因班固的死，便在某一處嘎然而停了。班固雖然不是為《漢書》而死，但《漢書》卻同樣因為他悲愴的命運而多了幾分滄桑感。

五、班昭補續

班固說死就死了，讓很多想幫他，想救他的人都來不及伸出援助的雙手，只能無奈的歎息。《漢書》也因他的死面臨著殘缺的命運。如果說，班固自這本書的開頭便傳揚出了虎嘯一般的氣息，並將這種氣息一直灌注了下來，但在快要結束時卻戛然而止，一下子變得悄無聲息。有些作品雖然有虎頭蛇尾之嫌，但畢竟有尾，而《漢書》卻無尾，這就不由得讓人遺憾。

《漢書》的命運到了危急關頭，如果就那樣成書，它將變成一部永不可彌補的殘缺之作；如果把它續全，誰又有能力幹這件事呢？從班固最初寫《漢書》挨整事件就可以看出，當時是有很多人想寫這部書的，但現在他已寫了十之八九，恐怕再沒有人願意幹了。再說，他死時並沒有留下關於這部書的交代，誰也無法順著他原有的氣息續寫下去。他過人的才華使他像一道光芒一樣聳立在那兒，別人往跟前湊，豈不自慚形穢。

其實，很多人都不謀而合地想到了一個最佳人選——班固的妹妹班昭。在這裡介紹班昭，我想應該先將她一生的成績一一列舉，方可看出她作為一位女史學家的風貌。從班昭的歷史地位而言，她是中國歷史上最早的女史學家，人們素來將有名的史書列為二十六種，美其名曰「二十六史」，班昭便是其中唯一的一位女作者。因受家庭影響，她從小就好學博識。若班昭身為男子，成就一定在哥哥班固之上，她將人之志行和學識完美的結合在一起，形成了自己的理論觀念，深受東漢諸多學者、貴人乃至皇后的賞識，並紛紛拜她為師。

她雖是女流之輩，但人們卻尊稱她為「曹大家」。鄧太后臨朝時，她曾參政議政，有運籌帷幄和保駕護航之功。她曾寫下《女誡》七篇，對後世起到了很大的影響。從《後漢書・列女傳》的記載可看出，她著有賦、頌、銘、誄、問、注、哀辭、書、論、上疏、遺令等十六篇，後來她的兒媳丁氏將其匯集編成了書。

說她是續寫《漢書》的最佳人選，除了她的才華外，實際上還有一個原因，那就是她是班固的妹妹，對班固寫書之思路，行文之風格應該很熟悉，讓她寫一定不會有問題。於是漢和帝下令，給班昭提供參考東觀藏書閣（當時的國家圖書館）的便利條件，把《漢書》剩餘部分寫完。

其實到了這時候，《漢書》已成為東漢很重要的國書，所以它的命運不會差到哪裡去，反之，卻因為有和帝的親自過問和安排，很快便又有人要續寫它了。

班昭遵和帝旨令，開始工作。《漢書》有福，終於迎來了一位可以讓它完整面世的作者。其實，《漢書》因為是班家一家人先子承父業，後又由妹妹續寫哥哥殘章，所以它一直比較平安，即使出現危險，也因班家滿門英才而有驚無險，會像一個不會停頓的人一樣一步步向前走去。

班昭完成了《漢書》中的八篇「表」。從今天的《漢書》版本上看，還有一篇〈天文志〉還需完成。史書上沒有記載班昭未完成〈天文志〉的原因，但關於完成〈天文志〉的作者馬續，卻有詳細的記載。馬續與當時的著名經學大師馬融是兄弟，而馬融為了能受到班昭指導，曾畢恭畢敬的跪在東觀閣外，認真聆聽班昭的講解。馬續的學識和地位不及馬融，所以他便更認真和熱切，一字一字把〈天文志〉寫完了。

《漢書》經歷近四十年的時間孕育，遭受諸多坎坎坷坷，並先後經班彪、班固、班昭、馬續四人之手，終於以完整的面貌面世。也許它在成書的過程中將該遭受的磨難已悉數遭受完畢，所以一經面世，遂成一部巨著。

一部書變成了國家的史書，其作者變成了史學界的權威，那麼這部書的命運便不會再有多大的起伏。班固由此成為史學巨擘，後人提及司馬遷之後，必然要提的便是他的名字。還有他妹妹班昭，於七十多歲去世時，皇后為她素服舉哀，監護喪事。他們一家人為一本書付出了，最後因為一本書像一道耀眼的光芒，已高聳於時代的天空，他們的地位也自然隨之提升，到了該得到的尊重。

「往者不可及，來者猶可追」也許，班固對一切早已洞悉，所以他很早便在書中寫下了這句總結命運的話。

胡笳十八拍

——蔡文姬無法流出的淚

一、少時知音律

長詩《胡笳十八拍》是一部命運之作。也就是說，才華橫溢的蔡文姬如果不被匈奴所擄，她一定不會寫出這首長詩，但也許會寫出與這首長詩一樣有名的作品。是蔡文姬坎坷的命運，成就了一部長詩。在她動筆之前，這首長詩一直被悄然孕育著。可以這樣說，蔡文姬的命運其實就是一支筆，最終，是這支「筆」寫出了《胡笳十八拍》。如此這般，從藝術的角度而言，蔡文姬的命運相對於一首長詩而言，就顯得無比重要了。故在此有必要先敘述她的命運經歷。

按時間推算，蔡文姬的父親蔡邕遭受流放時，蔡文姬才一歲多。蔡邕是一個有正義感的人，而且非常有才華，他對蔡文姬能夠成長為一個才女起到了很大的影響。蔡邕是東漢中郎將，與曹操是好朋友。不知道當時的中郎將相當於今天的什麼職務，但有一點卻可以肯定，蔡邕是國家政府機關的人，各方面都應該不錯。但蔡文姬出生時，父親因為惹禍上身，已被貶為庶人，拉扯著一家人在外流放。

在這樣的情況下，蔡文姬就算不上是高幹子女了，但從後來的事情看，蔡文姬雖然沒有優越的家庭生活，也沒有較好的童年和少年生活，但父親還是給她提供了很好的文化薰陶環境，這個女孩子好學，自小就跟著父親學辭章、數學、天文、音律、書法等。可以說，她就是一個全才，在小時候打了很好的基礎。

父親當官，當好了，兒女跟著沾光；而要是當不好，他頭上的那頂烏紗帽一不小心被摘掉，兒女們自然就跟著要倒楣。蔡邕為人正直清廉，鄙俗惡邪，從不畏權貴，敢於諍言直諫。到了西元一八九年，蔡邕再也邁不過命運中的一個坎了，他因為向漢靈帝諫言要治理時弊，觸及到大太監程璜和尚書令陽球為首的利益集團的要害，便惹麻煩上身了。這是幾個小人，你收拾不了他們，他們一但像惡狗一樣跳起來咬你，那你的處境就危險了。果不其然，他們悄悄合計好，給蔡邕扣了一個罪名：蔡邕在私下怨恨國家，揚言要推翻朝廷，要謀害大臣，他叵心陰謀的最後目標是皇上。這一招夠狠的，直接說你對皇帝老兒有企圖，讓皇帝來收拾你，看你還有多大的能耐翻身。更要命的是，此時的靈帝不光糊塗，而且已被奸黨架空，於是便聽信讒言，不分青紅皂白將蔡邕打入死牢。

好在後來中常侍呂強站出來說話了，蔡邕的命運才有了一線轉機。呂強在朝廷很有威望，說話也頂用，幾次竭力向靈帝面奏，說蔡邕是清白的，而且他孝德兼備，有功於漢，才使靈帝起了隱惻之心，下令免去蔡邕死罪，與家屬一同發往邊關，從此以後終生戴罪，不再以赦令除。

十二年後，他結束流放回到了洛陽。史書上未對他這十二年的流放生活做任何記載，也不知為何破了「不再以赦令除」的皇令，給了他一條生路。但可以想像，他這十二年像蘇武在貝加爾湖十九年、張騫在匈奴十三年一樣，肯定是苦不堪言，度日如年的。回來後，朝廷已是董卓挾帝專政，一派烏煙煙瘴氣。董卓見蔡邕名氣大，想把他拉攏到自己一邊，他恐懼於官場上的你爭我鬥，便稱自己有疾病，婉言謝辭了。董卓想用蔡邕，在三天內給了他三個職務，而且一個比一個大，是真正的平步青雲。但蔡邕對做官已沒有一點興趣，所以在那三天裡像啞巴一樣沒有吐出任何回應的話。到了第三天下午，董卓怒不可遏地放出話，再不就職就滅你九族。董卓這一下子讓蔡邕害怕了，他可以置自己的生死了不顧，但不能連累妻子兒女呀！沒辦法，蔡邕只好又穿上一身官服，幹起了當官這個讓他頭疼的事情。

不知道蔡邕對這件事好好思考過沒有，按常人來說，他是不會再進官場的，以前走當官這條路，弄得在邊疆一待就是十二年，好不容易回來，何必再去混那一官半職呢？也許，他做了這樣一番比較，此去就算是最終惹禍上身，丟了性命，也是一個人死，比現在牽連全蔡氏族人要好得多。這麼一想，他反而無所畏懼了，按照上級指示很快就位任職。

此一去，正如他所預料，果然又惹禍上身。不久，他因為董卓和王允之爭再次身陷大獄，於六十歲那年被董卓的死對頭王允殺於大獄。這是一件多麼讓人感到心酸的事情，一個人不想當官，但卻不得不去當官；當了官，最終的結果只有一死。蔡邕就那樣死了，按他最初的設想，他的死換來了蔡家一幫子人的性命，如此這般，不知他是否可以安然地閉上眼睛了。

這一年，蔡文姬才十五歲。父親死了，家裡的支柱便倒了，她只好隨母親奔波。十六歲那年，她嫁給了一個叫仲道的男人，不曾想婚後不到兩年，丈夫就忽然暴病而亡。沒辦法，一個年紀輕輕的姑娘變成了寡婦，只好提上東西回娘家去。從這時候開始，一個背負坎坷命運的蔡文姬出現在了我們面前。與父親當官的那幾年相比，這時候的她是多麼可憐啊！那幾年吃得好，穿得好，住得好，而現在的生活已一落千丈，與昔日相比簡直判若兩人，猶如天上地下。而更讓人心寒的是，一年後，她母親又不幸去世，十八歲的蔡文姬，一個小寡婦，內無家親，外有宿仇，哪裡才是她的歸宿？

我從有關她的文章中知道她長得很美，溫存柔情，體態豐滿，加之博學多才，顯得很有氣質；加之她才只有十八歲，所以在當時她應該是最美時候，但命運變化很有可能使她愁腸百結，常常一幅苦不堪言的樣子。蔡文姬的苦是出了名的，一想到她就讓人覺得心疼，但誰也無法把手伸到兩千多年前去拉她一把，從他父親開始，她們家就像山頂的一塊石頭，先是耀眼奪目，人人仰視；後來立不住腳，就開始鬆動，向山下滾去，這是誰也無法挽救的命運事實，似乎不落到痛苦的深淵底部，就不會停止。

蔡文姬是一個弱女子，對此又能如何？

二、身陷匈奴中

不久，蔡文姬又遭遇了更悲苦的命運。興平中（西元194－195年）兩年，匈奴南下鬧事。當時的形勢，在蔡文姬後來所做的《悲憤詩》中可見一端：

漢季失權柄，董卓亂天常。
志欲圖篡弒，先害諸賢良。
逼迫遷舊邦，擁主以自強。
海內興義師，欲共討不詳。
卓眾來東下，金甲耀日光。
平土人脆弱，來兵皆胡羌。
獵野圍城邑，所向悉破亡。
斬截無孑遺，屍骸相撐拒。
馬邊懸男頭，馬後載婦女。

董卓一番鬧騰沒把事弄成，卻使天下大亂。匈奴這時便能隨意南下打獵，常常圍住一個「城邑」攻打，企圖衝進城去劫掠一番。由於此時的漢朝基本上處於無政府狀態，所以匈奴常常所向無敵。一番折騰後，他們在馬上掛滿漢朝男人的人頭回去報功，而馬後則載著他們擄來的漢朝女人，要帶回去享用。

這時候，人們都遠遠地躲開匈奴，為生存四處尋找新的家園。人們在當時對國家無法寄予厚望，更無力保衛自己的家園，匈奴一打過來，就不得不又往別處逃去。人在戰爭面前都是弱小的，只能想辦法對其避之。在逃避的過程中，蔡文姬也許在內心感歎過人世間的悲苦，感歎過生命在戰爭這個遊戲場上的微弱，但她是一個弱女子，除了感歎又能做些什麼呢？從現實的角度而言，她只有逃。而從更現實的角度而言，她可能在內心渴望戰亂早日結束，讓自己的生活安靜下來，找一個好一點的人家把自己嫁出去。這是一個女人很現實的想法，如果不發生意外，不難實現。

然而，命運往往會突然發生轉折，在一瞬間改變一個人的一切。一天，蔡文姬與一群匈奴騎兵遭遇，匈奴很是驚訝，這麼漂亮動人的漢朝女子，真是少見，擄回去。匈奴騎兵將她團團圍住，蔡文姬無處可逃，被他們縛到馬背上向西域駐地駛去。

匈奴也許一路高歌，狂笑著，把蔡文姬帶回了西域。回去後，他們把蔡文姬獻給了南匈奴左賢王，左賢王又把她縛在馬背上向駐地疾馳而去。任何一個女人，被別人擄去的心情都是悲痛欲絕的，況且擄她者為野蠻的匈奴。一路上，蔡文姬的淚水已幾近流乾，望著馬蹄下眩目的礫石，她的心也許一一破碎了。

這時候，我們應該注意一個問題，那就是蔡文姬被擄，未引起任何人的注意。正如她在詩中所說，匈奴這時候是：「馬邊懸男頭，馬後載婦女」。人人都在逃命，誰還能顧得上別人，也許有人看見蔡文姬被擄了，也只顧躲得遠遠的，怕牽連上自己。她只是在後來才與政治沾上了邊，而被擄時她只是一個沒有任何身份和地位的弱女子，她的內心一定絕望之極，只想著找個機會尋短見。但左賢王把她看得很嚴，以致她從來得不到自殺的機會。

蔡文姬在西域的悲苦生活就這樣開始了，苦難變成了她必須要接受的事實，被擄變成了婚姻，因為左賢王已向外宣佈，他正式娶蔡文姬為妻。蔡文姬肯定是不能接受這樁婚姻的，但反抗的力量在哪裡呢？幾經折磨，她便不得不同意。同在她後來所做的詩中，對此寫得細緻而又悲愴。早上，她總是哭醒，夜晚則悲傷憂思，久久不眠。她一直想死，但卻一直找不到死的辦法，而活下去，卻不知道有什麼值得一活。思來想去，仍無出路，最後便讓內心變得更加失落，蒼天啊，我本是一個無辜的女子，你為何讓我遭此災禍。她在無奈之下仰望蒼穹，除了有幾顆稀疏的星星點綴其間外，其餘皆為烏黑厚重的流雲。她把目光向下，便看到常年積雪的山峰，山上的積雪封閉了去山外的道路，她木然地望著，不知不覺又是一陣心酸。

蔡文姬在後來寫的一個辭章中記錄了她當時生不如死的生活：

冥當寢兮不能安，
饑當食兮不能餐，
常流涕兮皆不幹，
薄志節兮念死難，
雖苟活兮無形顏。
唯彼方兮遠陽精，
陰氣凝兮雪夏零。
沙漠壅兮塵冥冥，
有草木兮春不榮。
人似禽兮食臭腥，

言兜離兮狀窈停。
歲聿墓兮時邁征，
夜悠長兮禁門扃。
不能寐兮起屏營，
登胡殿誇臨廣庭。
玄雲合兮翳月星，
北風厲兮肅泠泠。
胡笳動兮邊馬鳴，
孤雁歸兮聲嚶嚶。

這些詩讀來讓人忍不住要掉淚。蔡文姬不適應高原生活，常常昏昏沉沉睡去，但從來都沒有睡安穩過。肚子餓了，帳篷裡只有生牛羊肉，沒有可以咽下肚的東西。如此寢食不安，她終日以淚洗面，臉上的淚水從來都沒有乾過……我勸讀者朋友認認真真讀一下以上的詩，拋開蔡文姬深厚的詩學功夫不說，單就詩中的感染力而言，它讓人覺得有一把刀子在割人的心。

時間長了，她便也就麻木了，能吃的時候吃一點；天氣好的時候，到外邊走一走。慢慢地，心境較之以前已大有好轉。接受了悲愴的命運事實後，蔡文姬便開始接受西域這個地方，之後，必然接受的就是人了。

這時候，有人從漢朝來了西域。蔡文姬非常高興，飛奔過去找他們，從他們嘴裡聽到了家鄉的消息，她高興不已。家鄉，在她心裡已經變得像夢一樣遙遠；多少個日月夜夜，家鄉和親人都是漾動在她心頭的漣漪，那些親切的笑臉和深情的話語，就像漣漪一層一層擴散開，又一層一層聚攏來的波紋。現在，有人帶來了家鄉的消息，她的心又為之波動，想離開西域回去。

然而，這時她卻發現自己懷孕了，腹中的孩子並非她想要，是左賢王強迫而為的結果，但她卻不得不把孩子生下，如果不生下孩子，左賢王就會要她的命。不得已，蔡文姬在內心悄悄打消了想回去的念頭，把孩子生下，當了母親。一個女人既然當了母親，自然要擔負起做母親的責任，從此，蔡文姬便只能把回歸的想法埋藏在心。孩子慢慢長大，她的神情卻變得黯然，很少再有高興的時候。別人有心事，可以說出來，可以哭，可以鬧，唯有蔡文姬從不吱聲，她變成了一個無法說出心裡話的女人。

她的心事有多重，誰都不得而知。

三、悲憤作詩

蔡文姬在匈奴中生活了十二年，生二子。《胡笳十八拍》是她作於這十二年中，還是歸漢後所作，我們不得而知。從第十六拍看，《胡笳十八拍》有可能是她作於歸漢後：

十六拍兮思茫茫，
我與兒兮各一方。
日東月西兮徒相望，
不得相隨兮空斷腸。
對萱草兮憂不忘，

彈鳴琴兮情何傷！
今別子兮歸故鄉，
舊怨平兮新怨長！
泣血仰頭兮訴蒼蒼，
胡為生兮獨罹此殃！

無論如何，但這十八拍實際上寫的是她的具體生活，我們從詩中不光看到了她的情緒，而且看到了她生活的影子。如二拍，作了淋漓盡致感人肺腑的傾訴：

戎羯逼我兮為室家，
將我行兮向天涯。
雲山萬重兮歸路遐，
疾風千里兮楊塵沙。
人多暴猛兮如虺蛇，
控弦被甲兮為驕奢。
兩拍張弦兮弦欲絕，
志摧心折兮自悲嗟。

這時候，一個悲苦交加的女子的神情與面容，已一無遺漏地展現在了我們面前，她的淚已經流乾，心又開始流血，她內心的隱痛在風雪之夜也像風雪一樣在彌漫；她苦不能言，痛不能叫，她的內心是何等悽楚悲涼啊！

《胡笳十八拍》是一部血淚一之作，每一字似乎都可見她悲憤悽楚之心聲。郭沫若曾在〈談蔡文姬的胡笳十八拍〉一文中說：「務必請大家讀它一兩遍，那是多麼深切動人的作品啊！那像滾滾不盡的海濤，那像噴發著熔岩的活火山，那是用整個靈魂吐訴出來的絕叫……那種不羈而雄渾的氣魄，滾滾怒濤一樣不可遏抑的悲憤，絞腸滴血般的痛苦，決不是六朝人乃至隋唐人所能企及的……」如郭老所言，從六拍中，可窺她的痛之全貌：

冰霜凜凜兮身苦寒，
饑對肉酪兮不能餐。
夜聞隴水兮聲嗚咽，
朝見長城兮路杳漫。
追思往日兮行李難，
六拍悲來兮欲罷彈。

蔡文姬在胡生二子之後，並未平息心中被擄佔的怨恨，並沒有充當一個「和平女神」。十二年背井離鄉的屈辱生活，迫使她居然向天向神也發出了憤怒的質問：

為天有眼兮何不見我獨飄流？
為神有靈兮何事處我天南海北頭？
我不負天兮何配我殊匹？
我不負神兮何殛我越荒州？

這是讓人感到撕心裂肺般的詩句。當蔡文姬伴著胡笳緩緩唱起，淒涼透骨的音樂大概就真的像一場大雪落了下來，人是無力承受這樣的大雪的，只有早已蒼老了的大地可以用無言與之相融。至此，蔡文姬的「唯我薄命，殊俗心異，莫過我最苦」的慘痛遭遇，已撼天動地——一個弱女子的苦，誰還能比？

蔡文姬啊，誰都知道你的苦痛無邊，誰都知道風雪再大也沒有你的苦難大，但你被千山萬水阻隔在西域，誰又能救得了你呢？

四、紀錄歷史或被歷史紀錄

蔡文姬後來能夠歸漢，得益於她父親的好友曹操的搭救。多虧曹操有喜歡文化這麼點愛好，打聽到蔡文姬可以完成《續漢書》的工作後，便與匈奴單于商量，他願以重金贖回蔡文姬，匈奴答應了他的要求，蔡文姬因而就有了回歸家鄉的機會。對於蔡文姬來說，這個機會簡直就是從天而降，有了曹操這樣的大人物的幫助，她的命運轉瞬間便出現了新的生機。

要離開匈奴了，蔡文姬反而變得惆悵和更加傷感了，看著兩個腮邊掛滿淚珠的孩子，她下不了棄他們而去的決心。她知道，這一別也許永無見面之日。作為母親，她畢竟心有母性之愛，難以割捨下兩個親骨肉。怎麼辦？一邊是家鄉，一邊是兩個親骨肉，如何是好啊！這時候，曹操又一道命令催來，不能再錯過機會了，蔡文姬一咬牙做出了棄子回歸的決定。

這是一個多麼難下的決定啊！這個決定一下，就等於從此再也無法承擔母親的責任了，無法再把自己當成是一個有兩個孩子的母親，從此徹底忘了這兩個親骨肉，連想都不要想，如果忍不住一想，就會讓你日不能食，夜不能寐。

史書上對她離別的情景記錄得甚為詳細。要走了，兩個孩子上前抱住她的脖子，問她要到哪裡去？什麼時候回來？我們捨不得你走。蔡文姬無言以對，孩子的話儘管是頑童的哀求，但卻求得真摯深切，讓人不忍聽下去。蔡文姬聽著這些話，她的心一定撕裂般疼痛，還有什麼能比尚處年幼的兒子求母親更能讓人動心呢？此番情景，蔡文姬有可能感到自己五內俱焚，覺得自己似乎要發瘋了，但她還是咬著牙轉身走了。如此情景，蔡文姬每往前走一步，心便必然會碎一塊。

終於上路了，然而這時候出現了更讓人難堪的場面。「馬為立踟躕，車為不轉轍」。怎麼會這樣呢，連車和馬都有了反應，馬不願意走，車不能動，難道馬和車都明白一場母子生死離別的悲劇正在上演？這是最後一道坎，天地萬物皆有靈，看出蔡文姬要棄子而去，似乎要伸出手攔她一下。蔡文姬如果邁過這道坎，就不會再有什麼能攔住她了。她沒有猶豫，咬著牙邁了過去。這一步邁過去了，一切都已了結，她就變成了一個能幹大事情的女人，《續漢書》的作者就出現了，這部書也就有救了。

回到中原，曹操親自出面協調，讓蔡文姬嫁給了董祀。然而好景不長，不久，董祀因屯田失職犯了重法，曹操的部下要將他處死。蔡文姬趕緊從整理《續漢書》的書閣中跑出去向曹操求情，曹操命快馬追回了對董祀的處置之命。

救了丈夫，蔡文姬又回到書房，夜以繼日地寫作。如果說，《胡笳十八拍》就是這時候寫出的，那麼我們有理由相信，丈夫董祀差一點喪命又一次觸及了她內心的痛苦，她想起自己的悲苦命運，便寫下了《胡笳十八拍》。

寫完之後，她的內心才得以能夠安靜嗎？畢竟，那是大痛，一不忍心揭開傷口，又怎能一下子使之癒合呢?!

據史載，她在這之後仍又開始整理《續漢書》了。也許，她偶爾抬起頭，見明月高懸夜空，有時厚黑的雲朵將它淹沒，有時它又從中穿越而出，灑下明亮的月輝。她凝思片刻，便撥亮油燈復又開始寫作，那扇窗上的燈光每夜總是亮到很晚，一個瘦弱的女子剪影印在窗戶上，久久不動一下。

她在記錄歷史，歷史同時也在記錄著她。

三國志

——陳壽的筆墨刀鋒

一、等待三國鼎立的結束

陳壽為寫《三國志》，苦苦等了很多年。可以這樣說，陳壽是一個很敏感的人，在魏、蜀、吳三國鼎立對峙之時，他便意識到應該把這段特殊的歷史寫成一本史書，以饗後人。但他產生這個想法時，三國鼎立還沒有結束，天下尚無定局，所以，他便只好等。

陳壽之等其實也就是靜觀歷史的發生。眾所周知，魏、蜀、吳三國鼎立在歷史上著實是很熱鬧的，今日征伐，明日反傾，天下一時成為沸騰的亂世。在這樣一個亂世之中，英雄輩出，江山易代，一波又一波歷史激流讓人眼花繚亂，誰也無法預料天下終將由誰掌握和命名。其實，歷史是個龐然大物，而且似乎還有著怪異的脾氣，往往在轉瞬之間變幻面孔，將似乎已經既定的事實改變成讓人瞠目結舌的新格局。在這樣的改變中，昔日不可一世的人轉瞬如落葉一般飄零，而新面孔則迅速登場，由他們為世界重新佈局。所以，像陳壽這樣想把這段歷史記錄下來的人，就無法為這段歷史下結論了。

從時間上看，陳壽在等待的過程中，耗去了他一生中最好的年華。讓我們梳理一下他在那些年裡都幹了些什麼。陳壽年輕時頗為好學，而且學有所成，當了蜀漢觀閣令史。應該說，對於一個文人來說，這個位置還是不錯的，好好發展下去一定會有大好前景的。但陳壽卻有文人慣有的毛病——清高和固執，他一面不屑於和平庸之輩同流合污，一面眼裡揉不得半點沙子，只要看見不順眼的人和事，不管對方是誰，都要跳出來指責一番。試想，他乃一小小觀閣令史，有的人可以指責，被你罵了指責了，把委屈咽進肚子裡不出聲，而有的人恐怕是指責不得的，比如那些王公權貴，你把人家罵了指責了，人家能受你的氣嗎？隨便找藉口給你穿個小鞋，你都會麻煩上身，在官場上難以立足。

陳壽也許明白這樣的道理，但他在內心為自己豎立的剛正不阿之目標太高，而且唯此目標不捨，所以即使摔跟頭吃虧也輕易不降低標準。這樣，他的仕途就不怎麼順利了，那些權貴從不為他說好話，以至於他當了觀閣令史多年，仍在原地徘徊，沒有提升的希望。換了別人，也許應該總結一下經驗教訓，捋一捋自己的思路，把接下來要走的路走好。但他不，他內心的高潔使他不為任何人低頭，更不願去做自己不願意做的事。

如此而為，時間長了，他的處境恐怕就不好了吧。有一段時間，蜀國由宦官黃皓專政，那些大臣都前呼後擁地去趨附他，唯獨不見陳壽的影子。陳壽不去趨附黃皓倒也罷了，因為他不喜歡那樣，誰也拿他沒辦法。但要命的是，他居然和黃皓對著幹，公然反抗黃皓的決策和指令。黃皓雖為宦官，身體有難以啟齒的羞辱，說話時聲音細如鼠鳴，但人家坐在那個位置上，權利在握，你得罪了他，你還能落下好嗎？不久，他便遭譴黜，仕途就此結束。

陳壽如此境遇，就是人常說的跌入人生低谷了，他內心一定不好受。但不久蜀國也亡了，西晉由此崛起。他大概苦笑幾聲，心想，國已不國，我這點痛苦又算得了什麼，還是另謀出路吧。此時的陳壽雖然人生坎坷，但他想寫《三國志》的念頭始終像火焰一樣在燃燒，他把蜀亡和西晉新生這一歷史變化做一番比較，便發現於自己而言，素材又多了很多。這樣一想，他的氣就順了，心理就平衡了，很高興地入西晉朝廷再次出仕。

在西晉朝廷，陳壽遇到了一個很賞識他才華的人，此人名張華，他認定陳壽日後必有大的作為，便向晉武帝大力舉薦陳壽，而朝廷也正需要陳壽這樣的人才，便任命他為菩作郎，不久，他因編訂了一部《諸葛亮集》而受到晉武帝的賞識，又被任命為治書侍御史。以前的陳壽清高，是因為他知道為人為文該如何高潔，所以便不降低標準，一看不順眼那些拍鬚遛馬的庸者的作為，便要跳出來罵人。由此可見，一個脾氣不好的人，大多原因其實就是人生理想不能實現和內心鬱悶所致。現在，有這麼多的事等著陳壽去做，他整個身心充斥著奮進的感覺，所以他的脾氣也好了，不再罵人了。

後來，陳壽的仕途也走得很不錯，由於深受晉武帝賞識，在治書侍禦這一位置上做出了相當不錯的成績。但他的內心卻始終為三國鼎立不能結束而焦灼不安，歷史沒有定局，他無論如何不能動筆，所以，他還得等。只是，他這一等著實等得時間有些長了，以至於他當官的興趣基本上都沒有了，晉才滅了東吳，三國鼎立才算是真正結束了。天下定勢已顯山露水，陳壽終於可以動筆記錄這一段特殊的歷史了。

這一年是西元二八〇年，陳壽已經四十八歲了。

二、歷史是一本書的雛型

三國鼎立這段特殊的歷史結束了，一個新的王朝由此聳立於天下。這種情況下，所有的人都在謀劃自已新的生活，但陳壽卻從熱鬧中悄身退出，關起門來開始撰寫《三國志》。按說，他在治書侍禦一職上的功績不錯，加之又有晉武帝的賞識作基礎，如果在仕途上再努力一下，一定會有燦爛前程的，但他已經對當官不感興趣了，此時充斥於他內心的是他苦苦盼望多年，終於等來了的成熟的時機。雖然他從未對任何人說起他在等天下定局，但他用那麼多年的時間在等待，在內心長久壓抑著那種由期盼和焦灼帶來的痛苦折磨，不都是為了寫一本書嗎？如果三國鼎立將一直持續下去，他就是等死也等不到一個明確的歷史結果，他的一腔熱忱，最終會被淹沒於漫長的時間中。好在他的運氣還不錯，在有生之年等到了三國鼎立結束。一段歷史結束了，一部與之相關的史書實際上已經有了雛形，接下來只需提筆撰寫了。

陳壽決定把《三國志》分為三部分，即「魏書、吳書、蜀書」。從結構上而言，這樣就可以一覽無餘地瞭解三國當時之鼎立對峙是何種情況，此前雖有人曾寫過這方面的史書，但都是一些零星之作，無一成規模，此次陳壽下決心要把《三國志》寫成一部前無古人的作品。這樣想著，陳壽的內心一定很興奮，三國鼎立必將成為後人感興趣和喜歡談論的歷史，而自己完成一部全面記錄其演變過程的史書，必將和這段歷史一起留入時間，這比什麼都好。

但編寫了一部分後，陳壽發現了一個難題，自己可供參考和借鑑的資料太少。歷史一但定型，便變成了一個龐然大物，是不容許篡改和虛構的，你所涉其枝末葉端，必須要有出處，否則便會鬧出笑話。但現在聳立在陳壽面前的這個龐然卻只是一個模糊的輪廓，儘管它很高大，但卻不清晰，讓陳壽無法一一細緻地勾畫出它具體的結構。

造成這一困難的原因是，當時三國鼎立才剛剛結束，很多歷史事件尚無人記載。陳壽覺得歷史讓自己興奮無比，但文獻資料的空白卻又讓他一籌莫展。沒辦法，他只好停筆一頭栽入對文獻資料的搜尋之中。

幾經搜尋，陳壽找到了王沈的《魏書》、韋昭的《吳書》等。魏吳兩國政權在當時設有史官，所以把三國鼎立過程中魏吳兩國的歷史基本上都記錄下來了。陳壽仔細看完這些史書，發現王韋二人所撰歷史詳實，自己可借鑑參考。但蜀國卻是一個空白。由此可見，魏國和東吳對歷史比較重視，有人對此做了專門的記錄，但蜀國因沒有設專門修史的官職，所以對此有所疏忽，無一書記史。

怎麼辦？看來，蜀國歷史只有靠陳壽來寫了。陳壽想，好在自己出生於蜀國，入晉之前在蜀國生活過很多年，對蜀國發生的一些大事，歷史人物，以及蜀國的風土習俗都比較瞭解，寫起來在所涉具體細節上應該不會走樣。但寫一部煌煌史書，這些只是一些皮毛，還有許多東西需要自己去掌握。

於是，陳壽決定，親自去蜀地考察，視考察後掌握材料情況再動筆。

三、蜀地考察

從現實意義上而言，陳壽之於《三國志》，還得等下去，因為蜀國歷史需要他去細細梳理。

出發去蜀地的那一天，想必陳壽內心也是很激動的，自己自小在蜀地長大，對那裡的一切耳濡目染，現在回去，不光是為了完成一部史書，同時也有一步步貼近故鄉的親切感。算起來，自從入西晉出仕，已經有很多年沒有回去了，故鄉於他而言實際上魂牽夢繞，早已讓他忍耐不住想趕快回去看看。

他隻身一人去了蜀地，巴山蜀水依然如故，昔日金戈鐵馬的喧嘯也早已不復存在，就連那些戰爭遺骸也在頻繁的雨水中消失得無影無蹤，取而代之的，是那些蓬勃生長的綠色植物。陳壽歎息一聲，看來，歷史已全部留在人們的記憶中了。

為此，他踏上了蜀國軍隊當年打過仗的路途，一點一點收集發生過的歷史事件資料。從諸葛亮數次帶兵出蜀，到與魏政權曹操交戈，再到與東吳時好時壞，鬥智鬥勇，蜀國的軍事史慢慢變得清晰了。至於蜀國政權之狀，他是親歷者，或者說他在先前聽說了很多，寫起來應該不成問題。

一番考察實訪下來，他應該在內心覺得沉甸甸的，蜀之所有的光榮和夢想，以及為實現這光榮和夢想而經歷的起起落落，生死掙扎，都足以讓他完成一部史書了。他不光掌握了蜀國大的歷史，對一些細小的歷史也大膽地進行剖柝，列舉出了那些事件在當時的條件下之所以發生的必然性，並表明了自己的觀點。諸如此類的事在《三國志》中比比皆是，在此僅舉馬謖失街亭一例。

陳壽認為，馬謖大意失街亭，造成了對蜀軍致命的傷害，甚至讓蜀軍由此傷了元氣，諸葛亮由蜀入隴，六出祈山，但因馬謖之敗實際上已經隱隱約約畫上了一個悲愴的句號。諸葛亮揮淚斬馬謖，一般人理解為是為了嚴以軍紀，但實際上是諸葛亮為了防止蜀軍在這個巨大的失敗面前潰散軍心，因此殺馬謖一人，警示萬眾兵士。馬謖被殺了，諸葛亮哭了。他是為失去一員愛將而哭的嗎？非也。他精心設計的戰爭謀略，在馬謖失街亭事件中，被那場大火像燒一根草繩一樣燒斷了。所以，諸葛亮之哭，實際上是在哭自己悲涼的命運，哭戰爭的無情，哭自己理想的破滅。經由遭受這一打擊，諸葛亮感到自己已心神俱空，再也沒有力量帶兵出來打仗了。所以，他的眼淚中包含著許許多多的心事。

揮淚斬馬謖後，諸葛亮不得不做出退回蜀地的打算。返回途中，他讓士兵們燒掉了身後的棧道。隨著一股股火焰騰起，組成棧道的木板或化為灰燼，或跌入江中被旋渦吞沒，由蜀入隴從此便成為絕途。從表面上看，這是諸葛亮的一種軍事防範策略，他燒掉棧道，為的是防止魏軍由隴入蜀進犯。但實際上，他在做一種無可奈何的掙扎，甚至有一種大家一起毀掉的消極心理。

從這個例子可以看出，陳壽對歷史的態度，處理歷史事件的方式，顯然超出了同時期其他史學家。

從蜀地考察回來後，陳壽這才坐下來開始寫《三國志》。這是一部讓他等得太久的書，他似乎保持了與時間一樣長久的等待，不過，正因為有了他這樣的等待，《三國志》才得以擁有完整的內容。

陳壽的文筆很好，對三國歷史人物的描述往往幾句話可篤定，對歷史事件邊敘邊議，始終讓人被他的筆牽引，處於驚心動魄的氛圍中。如下面這段文字，我們可從中不光看到歷史事件，同時也可看到眾所周知的曹操之形象：

> 光和末，黃巾起，（曹操）拜騎都騎，討穎川賊。遷為濟南相，國有十餘縣，長吏多阿附貴戚。贓汙狼藉，於是奏免其八；禁斷淫祀，奸宄逃竄，郡界肅然。久之，征還為東郡太守；不就，稱疾歸鄉里。

最後，陳壽以魏書三十篇，吳書二十篇，蜀書十五篇合為《三國志》，為三國鼎立這一特殊歷史完成了一部書。應該說，這是一部全面記錄三國風雲的最早的一部史書。至於後來眾所知的《三國演義》，則是根據《三國志》創作的小說，而且是距陳壽一千多年後的事情了。

後漢書

——范曄的才子病藥方

一、才子的面孔

一個寫作者的才華，只有通過寫作才能體現出來。也就是說，作品才是對人最好的證明，對人的命運改變和生命價值的提升都會起到明顯的作用。但也有這樣一種情況，有的人因為一本書，乃至一本書中的一句話卻遭受磨難，甚至搭上性命。古往今來這樣的例子比比皆是，如司馬遷之於《史記》，解縉之於《永樂大典》，等等。還有的人，在寫作上沒有出什麼問題，但卻因別的事，比如官場爭鬥，與他人爭利等，最終誤了寫作，讓本來可以完整的一部書留下了遺憾，致使後人讀來無不為之感到惋惜。范曄便屬於此種情況，因在官場上載跟頭丟掉了性命，使寫到一半的《後漢書》不得不被擱淺，留下了遺憾。

范曄恃才傲物，卓爾不群。從眾多史書中梳理有關范曄的資料，得出的結論是，在四十七年的生命中，他一分為二閃耀著兩面光環。其一，寫《後漢書》的他才華橫溢，而且極其自信，從始至終都覺得自己是大才，所撰文字前無古人，後無來者。如此看來他確實是狂了些，但他憑著這股子狂勁，寫出了《後漢書》中一大半文章（《後漢書》後由晉代司馬彪補齊）。在今天看來，他著實狂到了地方，讓這部作品具備了氣貫長虹，虎嘯山林之氣勢。

其二，官場上的他秉性剛直，不講政治，略有不順眼之事，便出言譏之。他曾寫了一篇〈和香方〉，抨擊了好幾位他看不順眼的官僚。他更不注重自身形象，經常率性而為。不僅如此，他連父親也毫不留情面的攻擊。他父親范泰乃一代名士，晚年信了佛，他便攻擊父親「死者神滅」，並且準備要寫〈無神論〉教訓父親。

才華是上天給予的，可盡情使用，但在使用的過程中如果把握不當，則就顯得德行不好了。德行要靠自己培養，如果一個人不注意培養和把握自己的德行，就一定會出問題。

二、官場上的起伏

把范曄坎坷的出身和他後來像螃蟹一樣橫行於人世的行為作一個比較，便只能得出這樣一個結論——范曄實乃一怪人。他的出身不好，《宋書·范曄傳》載：「母如廁產之，額為磚所傷，故以『磚』為小字。」被生在廁所，應該說是一個苦孩子，慢慢長大，卻猶如開了天眼似的，變成了一個很有才華的青年。同在《宋書·范曄傳》中載，他「少好學，博涉經史，善為文章，能隸書，曉音律。」

但范曄在仕途上的起步要早於在文學上的起步，所以擺在他面前的實際上是一條當官的路子，就看他如何去走了。十七歲這一年，他本可以出仕，但因父親與他要出仕的頂頭上司有矛盾，便辭職閒賦在家。這樣過了四年，他一直在家讀書。今天，我們可推斷出《後漢書》的大致框架和內容便是他在這四年中思考成熟的。相對於他的整個人生而言，不論他走仕途也罷，在生活中狂放不羈也罷，其實都是過眼雲煙，只有《後漢書》這本書才是他生命價值的最大體現。如果他能夠認識到其巨大的文化價值，說不定就會關起門一心一意去寫書，在後來也便不會出現著述未盡的遺憾。

二十一歲那年，范曄終於出仕。也就從這時開始，他的「自得」的毛病顯露出來了。之後，他的官職時而升，時而降，時而又復，但他的毛病卻一直不改，一直那麼狂，眼裡揉不得半點沙子，對看不慣的人和事，總是劈頭蓋臉地訓斥。他的官其實不大，有的人可以訓，有的人就未必能訓了。如此看來，范曄著實是一個危險人物，隨時都有可能引火焚身。但他卻不管不顧，依然我狂故我在，我倔故我樂。

其實，范曄身上還是有優點的。他在音樂方面很有才華，精於彈奏，尤其在琵琶演奏方面頗具藝術造詣，而且還能夠譜制新曲。文帝劉義隆很愛聽他的音樂，一有空便讓他彈奏一首樂曲聽聽。另外，據〈范曄本傳〉載：「（曄）性精微，有思致，觸類多善，衣裳器服，莫不增損制度，世人皆法學之。」由此可見，范曄身上的優點可謂多矣。

另一件事也說明了他身上的優點。三十三歲那年，文帝命他隨大將軍檀道濟北伐魏，他怕吃苦，且自由散漫的毛病又出來了。他稱腳疾不能隨大軍遠征，想賴在家裡享清福。文帝不許，他把冒到嘴邊的不恭之詞咽了回去，把心頭躥升的怒火強壓了下去，隨大軍出發了。這就對了，在官場上混，不忍受一些自己不情願的東西，又怎能長期安身立命。如果他經由這樣的事能明白一些官場上的潛規則，他就可以把官當大，到那時，再寫書也為時不晚。

然而正如人常說，江山易改，秉性難易。范曄的品質最終還是影響了他，他一直狂妄不羈，而且對朝廷頗為不滿，招致多人對他抱有怨恨。隨檀道濟北伐回來後，彭城王劉義康太妃薨，文武百官在其葬前的晚上皆滿面悲痛弔唁，唯范曄與人縱酒半夜，並大肆喧鬧，以聽挽歌為樂。劉義康怒不可遏，把范曄的尚書史部郎一職撤掉，貶為宣誠（今安徽宣城）太守。

這一年，范曄三十五歲，其仕途似乎已走到了盡頭。

三、貶後著書

狂妄的范曄在去宣誠的路上想，太守之小官怎能體現我「得志」，既不得志，我便要寫書。這樣一想，他的步子大概會邁得輕快許多。也經由他這樣一想，在內心久久如溫火燒著的水一般的《後漢書》腹稿，終於像開水一樣沸騰了。一部書，與真正匹配於它的作者便相遇了。

以范曄的才華，實際上隨時隨地可寫《後漢書》。因為在這之前他已廣獵群書，對《史記》、《漢書》等均已瞭若指掌。他既看出了這些書的長處，如對歷史的嚴謹態度，但又看出了這些書的不足，如修史者的官方態度等。他下決心要寫一部全面反映社會的史書，不光有高層，同時也關注民眾。後來他確實這樣努力了，如，把有悖於當時倫理的數次嫁人的蔡文姬，反朝廷的陳巾起義等，均寫入了書中。

實際上，在他之前，就已經有不少人在寫東漢的史書，有謝承、袁山松等八人寫的八本《後漢書》，但范曄對他們皆不屑一顧，覺得只要自己一出手，他們就都被比得沒影子了。

自信給了他動力。他以東漢劉珍等奉命官修的《東觀漢記》為依據，開始寫作。這時候，他所處的時代，以及當時的文化背景，以及宋文帝劉義隆對史書的重視等等，都成了他寫作的動力。眾所周知，魏晉南北朝是歷史上的「亂世」，儒家文化的地位一落千丈，人們一下子似乎沒有了文化依靠，所以便紛紛把目光投入史書。歷史熱都預示著時代的空虛，狂妄的范曄正是在這樣一種情況下又樹立了著書立說的目標。他覺得自己才是解大家心靈之困的人。

從三十五歲到四十三歲的八年時間裡，范曄「廣集學徒，窮覽舊籍，刪繁補略，作《後漢書》」。他有一個原則：「世人多貴古賤今，所以他才『稱情狂言』，以期引起人們對《後漢書》的重視。」

在今天看《後漢書》，我們仍可以看出這本書與先前史書的截然不同處。《後漢書》除了在體例上創新穎形式外，其思想觀點也頗為鮮明，個中的褒貶往往一語擲地。他依著自己眼睛裡揉不得半點沙子的性子，偏偏把那些大官僚仍在一邊，而為許多在當時人人一提及便認為是「操行俱絕」，其地位也為「一介之夫」的人濃墨重彩撰寫了〈獨行列傳〉。如〈黨錮傳〉中張儉、范滂和李膺等人，他便讚頌他們剛正不阿的性格；在〈楊震傳〉中，他對廉潔奉公的楊震及其子孫高度評價，大有向時代推薦之意；在〈宦者傳〉中，他大膽判斷蔡倫等人「一心王室」，而把侯覽等人則一筆劃入「凶家害國」的行列。細讀《後漢書》的「論」「贊」，就可以發現范曄筆鋒十分犀利，猶如刀子入木，一用力便是非分明，而他表彰覽能忠士，貶斥奸謀惡奢，則是其中最大的優點。

可以說，范曄為寫《後漢書》，在前期做了大量的準備工作，他既保持了先前史書的「紀」、「傳」、「志」等紀傳體制，但又在人物傳記中發揮獨創出「獨傳」、「合傳」、「類傳」，他還大膽地取消了「表」，使《後漢書》更緊湊利索。

通讀《後漢書》，我們就可以發現他對人物類傳特別感興趣，除了以很嚴謹的態度將《漢書》中的〈循吏〉、〈酷吏〉、〈儒林〉等類傳沿襲下來外，他更是肩負起了對社會的責任（針對東漢的實際情況），創造出了〈黨錮〉、〈宦者〉、〈文苑〉、〈獨行〉、〈逸民〉、〈方術〉、〈列女〉等七種獨具特色的類傳。

清人邵晉涵評價《後漢書》時說：「范氏所增〈文苑〉、〈列女〉諸傳，諸史相沿，莫能刊削。蓋時風眾勢日趨於文，而閨門為風教所繫，當備書于簡策，故有創而不廢也。」

關於如何修史，范曄有過一番精彩的論斷：

常謂情志所托，故當以意為主，以文傳意：以意為主，則其旨必見；以文傳意，則其詞不流。然後抽其芬芳，振其金石耳。此中情性旨趨，千條百品，屈曲有成理，自謂頗識其數。嘗為人言，多不能賞，意或異故也。性別宮商，識清濁，斯自然也。觀古今文人，多不全了此處……

在今天看來，范曄的這段話可謂是極好的文學理論，而且范曄之才華，由此也可窺全貌。

四、惹禍殺身

一門心思寫作的范曄，應該是一個內心激烈，但自身卻極其安靜的人。因為他不再在朝野之中上躥下跳，出言傷人了。有學者認為，《後漢書》之最大成就，就是「正後漢一代之得失」。他寫這本書時，後漢已亡兩百餘年，就連《三國志》也已在世一百多年了，所以可供他參考的東西很多，寫起來便不會有多少避諱。進入寫作狀態的他，內心的喜悅像波浪一樣，將昔日的那些悲憤的沙子全都沖走了。他變成了另一個人。

但在四十三歲那年，本已對仕途淡泊的他，卻又迎來了一次出頭之日，文帝十二歲的兒子劉浚（始興王）把他調去任軍長吏。劉浚太小，所以一切事務其實都由范曄處理。身處顯赫的地位，他又有了當官感覺，心思又為之悸動。實際上，這時候他寫《後漢書》正在興頭上，他已完成了本紀和列傳，同時又和謝儼共同完成《禮樂志》、《輿服志》、《五行志》、《天文志》、《州郡志》等五志。如果他有足夠的時間，就可以完成《後漢書》。

然而對於曾被貶官，在內心積下恥辱的范曄來說，仕途似乎更有吸引力。所以他把幫十二歲的小王打理政事當成了體現自身價值，雪恥前辱的機會，下決心一定要幹出一番名堂。有了這個決心，寫作頓時便變得黯然失色，其熱情也猶如下降到冰層之下，一時半會兒不會再在他內心升溫了。幹了兩年，因為成績顯著，范曄升為左衛將軍。如此看來，他的仕途倒是不錯，好好幹下去，一定會有一個好的前程。

范曄在這段時間裡並未停筆，仍在堅持寫《後漢書》。這樣便很好，一邊當官，一邊寫書，人生會體現得更有價值一些。如果他把握得好，便會像歷史上的文人官員王安石等人一樣，由於站得高，看得遠，文筆會更舒展大器一些。

但時間一長，范曄狂妄不羈，眼裡揉不得半點沙子的個性又發作了，他一直對朝廷不滿，覺得當時的體制存在著很大的問題，所以便經常發牢騷。在平時，他是一個小官，或者說是一個無權無勢的文人，發幾句牢騷倒也罷了，但他身居左衛將軍職位，說話做事恐怕就要小心了，否則，一定會惹麻煩上身。

四十七歲那年，他終於因為狂妄不羈把自己推上了絕路。他加入到了謀反劉義康的行列，被同謀徐湛之上表告發到了劉義康處。劉義康同時還供出了所有同謀往來的檄書和信札，他們熱血澎湃的謀反便失敗了。這不是一般事件的失敗，你想拆人家的臺，人家還能讓你活。劉義康一聲令下，范曄被抓來打入了大獄。

這種情況下，從表面上看，是范曄個人的命運發生了變化，但從另一個層面講，《後漢書》其實也面臨著坎坷命運，范曄入獄，這部書的後半部分將無以被撰寫出來。范曄為自己感到不安的同時，一定也為這部書在內心惋歎。

命若懸絲了，范曄一定知道自己有天大的麻煩了，但誰也救不了他，等待他的只有一死。關於范曄謀反一事，幾百年來無人懷疑，但到了清代，有一個叫王鳴盛的人在〈十七史商榷・范蔚宗以謀反誅〉一文中卻為他申冤，認為他並非「首謀」，只是犯了知情不報，縱容他人謀反的罪。王鳴盛這一說法是根據《宋書・范曄本傳》中「輕其小兒，不以經意」推斷出來的。然而這一說法被推斷出來時已時過境遷，對已經被誅殺的范曄起不到任何作用了。

再說范曄，在大獄中一定非常後悔自己頭腦不夠清醒，在關鍵時刻沒有把握好自己的命運。悔恨之中，他寫了一篇〈與諸甥侄書〉，對文學、史學、音樂、書法等進行了細緻總結，同時也對《後漢書》給予了「精意深旨……體大而思精……天下之奇作」等肯定。他覺得自己的書可堪比班固的《漢書》。他將處死，但此時的自信，仍讓人覺得他骨子裡的那股狂勁，是什麼都改變不了的。

不久，他被處死，連帶並誅的還有他的弟弟廣淵和兒子范藹。范曄被處死的消息傳出，與他合作寫書的謝儼害怕惹火燒身，便毀掉《禮樂志》、《輿服志》、《五行志》、《天文志》、《州郡志》等志稿，然後隱入民間不再露面。謝儼的膽子是小了些，但相對於膽大妄為，惹禍殺身的范曄而言，謝儼實乃明哲保身之舉，倒也說得過去。

就這樣，《後漢書》一時僅以半部之貌留存於世。

五、司馬彪之八志

《後漢書》就這樣隨著作者歷經了苦難，只有「紀傳」而無「志」，以殘缺的面孔流傳於世，讓讀到它的人一邊為范曄的才華而興奮，一邊又為它的殘缺而扼腕歎息。

這時候，人們想到了一個叫司馬彪的人。其實，早在范曄之前，司馬彪就開始寫有關東漢的史書《續漢書》了，只是當時寫此類書的人太多，如東漢劉珍等奉命官修的《東觀漢記》、三國時吳國人謝承的《後漢書》、華嶠的《後漢書》、謝沈的《後漢書》、袁山松的《後漢書》、還有薛瑩的《後漢記》、張瑩的《後漢南記》、張璠的《後漢記》、袁宏的《後漢記》等，司馬彪被淹沒了。之後，范曄後來者居上，其極具特色的文采像一道巨大的光環，所以，司馬彪再一次陷入被遮蔽的境地。范曄死後，人們因一部書的缺失而肯定了司馬彪的價值，他這才像是從沉睡的大海中冒出的冰山一樣，顯露出了耀眼的光芒。

其實，司馬彪也是一個怪人。史書載：「從小好學，然而好色薄行，不得為嗣。」在這裡我們可以看出，他是一個才子，但身上卻有兩個致命的弱點。其一，好色；其二，懶惰。他好色會到什麼程度呢？我們不得而知，但一定是因為女人惹了不少麻煩，把名聲搞壞了。至於懶惰，大概是常見的那種什麼都不幹，得過且過的毛病了。這兩點雖不是什麼大不了的毛病，但卻影響人的命運。他大概不願意改，所以便當不了官。因為在家閒待著無事可幹，他便寫書。他不緊不慢地寫著，時間長了，居然寫了一部《續漢書》。他的寫作目的很明確，「鑒於漢氏中興，忠臣義士昭著，而時無良史，記述繁雜，遂討論眾書，綴其所聞，起於世祖，終於孝獻，編年二百，錄世十二，通綜上下，旁貫庶事，為紀、志、傳凡八十篇，號曰《續漢書》。」范曄死後，他《續漢書》中的《律曆志》、《禮儀志》、《祭祀志》、《天文志》、《五行志》、《郡國志》、《百官志》、《輿服志》等八志突顯出了價值。尤其以記錄東漢地理的《郡國志》，對東漢官制沿革進行了細緻研究的《百官志》，和記載車杖、服飾、典章制度，而且屬於新創志目的《輿服志》等三個志的價值更為引人注目。

到了南朝，一個叫劉昭的人暗下決心要為《後漢書》做一點關乎實際的事。他下了這個決心，《後漢書》便猶如從河水中靠岸，終於有了新生的機會。劉昭是一位治學嚴謹的學者，他先為范曄所作的《後漢書》的紀傳作了注，然後把司馬彪《續漢書》中的志再加以注疏，補入了范曄書中。為完成這一工作，他將范曄遺留下的志目和司馬彪八志進行了比較，覺得二者合一實乃天衣無縫，是一部完美之作。為此，他說：

尋本書當作《禮樂志》；其《天文》、《五行》、《百官》、《車服》，為名則同；此外諸篇，不著紀傳，《律曆》、《郡國》，必依往式。曄遺書自序，應遍作諸志，《前漢》有者，悉欲備制，卷中發論，以正得失，書雖未明，其大旨也。曾臺雲構，所缺過乎榱角；為山霞高，不終逾乎一簣，鬱絕斯作，籲可痛哉！徒懷纘輯，理慚鉤遠，乃借舊志，注以補之。狹見寡陋，匪同博遠，及其所值，微得論列。分為三十卷，以合范史。

——《後漢書注補志序》

劉昭所做的工作看似簡單，但實際上是經過認真研究二人作品後，才確定把司馬彪的八志「分為三十卷，以合范史」的。自此，因志與紀傳天然相配，《後漢書》遂成為一部完整的史書。

我們在今天看到的《後漢書》，就是這樣一部作品。

文心雕龍

——劉勰的幸運跑題

一、發奮讀書

按我的理解，劉勰是一個性格堅韌，意志百折不撓，認準了目標便永遠不會放棄的人。他早年一心入仕而隻身闖京都，以及後來寫《文心雕龍》，並為該書執著尋求可賞識之人等行為，無不都證明了這一點。

劉勰的祖上曾顯赫無比，有一位先輩曾是漢城陽王，但不幸的是，到了劉勰的父親這一代，家族卻沒落為庶民。雖然劉勰的父親發憤圖強當上了校尉，而仍囿於底層，無論如何不能與祖上榮光相比。祖上顯赫，通常會對沒落的後代形成一種壓力，讓後代陷入一種對比和嚮往中不能自拔。劉勰的父親大概正是處於這樣一種情況下發憤圖強的，但他命運不濟，在中年染上大病，不久便懷著遺憾撇下一家人撒手人寰。

父親死後，劉家一時陷入困境。家裡人為了省出一張吃飯的嘴，便把他送入寺廟當了一名小和尚。寺廟中管飯，他從此不愁餓肚子了。他的運氣不錯，那個寺廟中藏書頗多，使得他十幾年內飽覽了大量的經文史書，同時也熟讀了百家之書和很多文學作品。他本來是為解決吃飯問題而不得已進入寺廟的，孰料柳暗花明又一村，居然得到了一次很好的學習機會。這也是他在寺廟中一待就是十幾年，而且待得優哉遊哉的原因。當然，他這一在僧房中癡讀的經歷，也為他日後寫《文心雕龍》打下了堅實的基礎。

十幾歲的劉勰應該說已經懂事了，家族的變化和父親的去世，讓他體會到了人生的艱難和困苦，同時也影響到了他的人生觀和世界觀。他之所以在後來表現出鍥而不捨的追求精神，實際上與他的家族變化有很大關係。可以這樣說，他家族昔日的輝煌雖然已經變得像一棵隱約的大樹，但仍向他的內心伸來了根鬚，要讓他順應固有的長勢成長。縱觀劉勰的一生，這種根深蒂固的影響，像一雙無形的大手一樣，自覺不自覺地把他拉入了「劉氏模式」中，他的性格也由此定性。

劉勰在寺中一待十幾年，算起來，他的人生由混沌轉為清澈，是書一一將他的心智打開的。當他意識到只在僧房中讀書仍乃一書生時，便毅然決然走了出去，他渴求在社會上尋求發展。產生這一想法的原因有兩個：一、他經由癡讀覺得自己的學問已達到了一定的境界，可以拿出來用一用了；二、他於內心深處仍渴求入仕，而入仕的階梯能否找到，其關鍵的前提是自己的學識得到肯定。

家族的影響，一直是他內心悄然滋生的根鬚。

二、寂寞撰碑誌

西元四九〇年，齊武帝頒出了一個詔令，讓劉勰一下子覺得命運之神頓時垂青於自己，要時來運轉了。齊武帝之詔是這樣的：

> 公卿以下各舉所知，隨才受職，進得其人，受登賢之賞，薦非其才，獲濫舉之罪。

齊武帝之詔可謂是求賢若渴，對有才能的人來說是難得的好機會。而劉勰更是欣喜若狂，他拿齊武帝之詔與自己一比較，覺得此詔簡直就是為自己下的，自己的條件十分符合條件。於是，他不願意再在家中待下去了，他覺得以前的那種苦苦盼望是多麼不合實際，只有勇敢地走出去推薦自己，方可有出路。

少年劉勰滿懷信心走出家門，抱著一定會被舉薦的希望踏上了去京都建康的路途。他這一走，連他自己也沒有意識到是對家的永別。他人生的一切被夢想帶入不可知的遠方，從此不再回頭。

到了京都建康，他才發現當時的現實並非他所想的那麼美好。他乃一介草民，根本無法攀識能推薦自己的權貴。齊武帝之詔中明確要求：「公卿以下各舉所知」，也就是說，凡舉薦人才者，皆為朝廷高官，劉勰誰都不認識，又如何能被他人瞭解到他滿腹經綸，才高八斗呢？劉勰傷心了，自己的遭遇猶如頭頂上有一顆碩大的果實，本來一伸手就可以將其摘下，但悲哀的是，自己卻不在那棵樹下，只能幹著急。

無奈之下，他只好去了京都的定林寺。他之所以如此選擇，一是因為自己以前在寺廟中待過，比較遠應寺廟中的生活；二是定林寺乃當時建康的寶剎名寺，皇家宗室，乃至皇帝都經常光顧，其盛名猶如皇家寺廟。劉勰想在定林寺中等待機會，向皇帝或朝廷高官推薦自己。

沒想到，他在定林寺中一待就是十幾年。他先前在另一座寺中待了十幾年，因為一心癡讀書籍，所以他是充實而快樂的。而在定林寺中的這十幾年，他因為內心焦灼，時時都在盼望著能被權貴發現，繼而被薦入朝廷委以重任，所以他是痛苦的，他內心的夢想像一隻無枝可依的鳥兒，只為企盼而起，卻因為不知道自己的結局而無一落處。

其實，他在這十幾年中還是做了一些事情的，只不過這些事情在他看來並非自己想入仕之願，不能體現出自己想要的價值，所以他不願一提。他做的這些事情是：他的文章在京城受到了朝野士人和定林寺中高僧的重視，被經常請到京師寺塔中為去世的名僧撰寫碑誌。時間長了，他便變成了京城著名的撰寫碑誌者。如此這般他便是名人了，其才華也昭然若揭，理應被朝廷發現，用到能讓他發揮作用的地方去才對。但或許齊武帝之詔早已結束，朝廷不再搞舉薦人才的活動了。所以，他走背運了。

閱讀在這時便變成了他唯一的精神支柱，讀書，一來可以慰悅心靈，二來可以打發沉悶漫長的時光。也就是在定林寺的這十幾年中，他經由閱讀大量的文學作品，發現自魏晉以來，文學已發生了很大的變化：曹操及兩個兒子曹丕、曹植使五言詩走向成熟；以阮籍、嵇康等人組成的「竹林七賢」，齊竟天蕭子良周圍的「竟陵八友」等文學集團的創作空前活躍，而且大家都在「新變」，如陶淵明實踐的田園詩，謝靈運和謝眺開創的玄言詩，以及對山水詩寫法的成功轉變，等等。劉勰覺得這些人在文學上的新變，首先是觀念和理論上有了變化，所以才使作品有了新的特色。但到了自己所處的這個時代，文人們卻又發生了很大的變化，這時的文風極其淫靡，文章的結構體制也逐漸喪失原有的慎密結實，文人們只注重語句的修辭，而忽略了對文章內容的要求，使得整個文風「離本彌甚，將遂訛濫。」發現了這些浮躁的文風，劉勰便生氣地把書扔到了一邊，再沒有了往下讀的心思了。

讀書讀出了書的毛病，應該說劉勰是一個眼光銳利，很會讀書的人。待他把悶氣生完，便覺得應該引導文人們從迷途中走出，讓大家認識到「文之為德也大矣，與天地並生者何哉？」這樣一想，他在內心產生了寫一本關於文學創作的書的想法，《文心雕龍》一書由此迎來劉勰最初對它的設想。當時，劉勰對一本書的內容也只是一個模模糊糊的感覺，但此想法一經產生，便像開水一樣在他內心沸騰了。

想想自己這麼多年之所以一事無成，原來就是因為虛幻的理想和自己本是一介草民構成了矛盾對立，使自己既不安現狀，又不知道到底該幹什麼，所以才如此痛苦。現在他終於明白「君子處世，樹德建言」——既然自己當不了官，那麼索性就著書立說，以饗後人。這個決心一下，他因為處於苦悶之中而始終覺得淒涼的內心，一下子溫暖了很多，並由此校正了自己的人生目標，要去幹大事了。

三、攔車請讀

劉勰用五年時間完成了《文心雕龍》。應該說，這是一本跑題和脫離了主旨的書，他本來想寫一本文學寫作指南的書，最初取「文心雕龍」（意為「文章寫作精義」）時的目的即在於此，但寫著寫著，由於他偏重於對文學本質的探討，在理論上提出了很多個人的見解，所以寫成了一本系統的文學理論專著。劉勰在書中評論了晉宋以前的兩百多位作家的作品，論述了三十五種文體的發展變化及其特點。全書分總論、文體論、創作論和批評論四部分，共五十篇。

如此一來，《文心雕龍》便有了更好的精神質地，劉勰的思想像一道光芒一樣在書中來回閃爍，把長期困惑人們的難題一一破解開了。如：

> 文之為德也大矣，與天地並生者何哉？夫玄黃色雜，方圓體分；日月疊壁，以垂麗天之象；山月煥綺，以鋪理地之形。此蓋道之文也。

又如〈序志〉中的兩處：

蓋《文心》之作也，本乎道，師乎聖，體乎經，酌乎緯，變乎騷：文之樞紐，亦雲極矣。

唯文章之用，實經典枝條，五禮賢之以成文，六典因之以致用，君臣所以炳煥，軍國所以昭明，詳其本源，莫非經典。

在〈熔裁〉一節中，劉勰把如何修改文章寫得更為詳細了，讓不會寫文章的人讀了，大概也會寫文章了：

句有可削，足見其疏；字不得減，乃知其密。精論要語，極略之體；遊心竄句，極繁其體。謂繁與略，適分所好。引而申之，則兩句敷為一章，約以貫之，則一章刪成兩句。思贍者善敷，才核者善刪。善刪者字去而意留，善敷者辭殊而義顯。字刪而意缺，則短乏而非核；辭敷而言重，則蕪穢而非贍。

劉勰很自信，覺得自己的這部書絕非一般書籍，它有著空前的意義。這樣想著，他內心突然又像以前一樣產生了一個急切的念頭。多年前的那種祈盼被舉薦的感覺像火苗一樣又躥升起來，他想讓自己的這本書得到賞識，以便讓更多的人讀到，甚至恩及文人作家。他為此坐臥不安，又琢磨著如何去舉薦自己的這本書。從劉勰的這種處事方式上可以看出，他早年沒被舉薦的心病一直未除，所以現在他下意識地仍要用老辦法辦事。如果辦成了，他的心病可除。

但他的遭遇和早年如出一轍，他儘管寫出了《文心雕龍》，但他仍一介草民，要想得到權貴賞識，便又猶如當年一伸手可摘到碩果，但卻不在樹下的情景。他為此有些傷心，想當年自己不能得到舉薦，入仕無望，把青春大好年華白白浪費在了寺廟孤寂歲月中，現如今好不容易寫出一本書，難道又讓它沉寂無聲，最後淹沒在時間的煙塵中？

痛苦了一段時間後，劉勰決定出門去為《文心雕龍》尋找出路。他之所以還能夠打起精神，是因為他對自己的作品很自信，他不信這麼好的一本書就碰不上一個賞識的人。好在他在京城待了十幾年，並通過在定林寺撰寫碑誌瞭解到了文壇的一些情況，所以他不再像以前那樣盲目了。這次，他的目標已鎖定了一個人——當時的文壇泰斗沈約。沈約不光文學地位很高，而且又是朝廷高官，如果他能閱讀並肯定《文心雕龍》，自己就一定會有出路。

劉勰打聽到了沈約的家，但管家卻不讓他進去。無奈，他只好坐在離沈約家不遠的一塊石頭上等。好幾天，沈約都未出門，劉勰矢志不移，始終在那塊石頭上坐著。直到他自己快坐成一塊石頭時，沈約出門了。看到沈約的馬車，聽到馬蹄的聲音，他無疑是聽到了久久企盼的召喚。他從石頭上一躍而起，撲到馬車前跪下，雙手高舉書稿，大聲請求沈大人一閱評審。

沈約見劉勰如此真誠，便收下了他的書。回去在晚上一閱，頓時大吃一驚，此劉勰乃天才，此《文心雕龍》乃奇書！他當即寫下「深得文理」的評價。之後，沈約便向文學界和朝廷推薦《文心雕龍》。很快，這部書便受人熱捧，成了文人們爭相傳閱的書籍。最被這部書感動的，則是沈約，他把《文心雕龍》作為枕邊書，幾乎每夜都看，每看都覺得受益匪淺，對劉勰大加讚賞。一時間，劉勰作為突然間殺出的一匹黑馬，一下子引人注目，光芒遮身，與往昔相比猶如變成了另一個人。

文而優則仕，一下子火了的劉勰經沈約推薦，終於圓了他多年想入仕的願望，被朝廷任命為奉朝請。如此看來，劉勰算是功德圓滿了。但這一切其實都與他的不懈努力分不開，前後那麼多年，他一直在努力，把那麼多的痛苦壓制在內心深處，像一個負重者一樣一步一步往前走，為將來機會到來的一天在做準備。正如人常說，老天即使只落一滴雨，但一定是落在有準備的人頭上的。劉勰深知此道理，所以在《文心雕龍》中早就寫出了兩句肺腑之言：

操千曲而後曉聲，觀千劍而後識器。

大唐西域記

——玄奘用雙腳走出來的書

一、玄奘的副產品

《大唐西域記》一書應該是玄奘的副產品。用今天的話說，他的身份是宗教人士，他的專業是佛學研究，他在佛經翻譯和佛教理論方面都成績斐然，與鳩摩羅什等人齊名。所以說，他應該是一名專業領域的權威，不會在「寫作」這一業餘愛好方面花費精力和時間。但唐太宗對他西行路途上的經歷很感興趣，希望能讓更多的人通過他的文字瞭解西域。於是他口述，由協助他譯經的辯機撰寫，讓《大唐西域記》一書面世了。

從形式上而言，《大唐西域記》是一本用腳走出來的書，書中內容皆為玄奘親身經歷。也許是出於他個人的愛好和專業需要，他所到一處，便對當地的宗教、地理、政治、風俗等細緻記錄下來。用腳走出來的書，往往存在很大的偶然性，你走到了便會看到，你如果走不到便不會看到，會有很多東西被忽略和遮蔽。好在玄奘走得很到位，很細緻，掌握了豐富的一手資料，為日後成書打下了基礎。

從意義上而言，《大唐西域記》又是在玄奘巨大精神支撐下得來的一本書。也就是說，是先有了玄奘獨身挺進西域的不懈精神，才有了之後所有的文字記錄。西域是蠻荒的，幾乎不容許人的個體生命對她進行挑戰，但玄奘卻勇敢地向這片「死亡之海」邁出了腳步。於是，玄奘的精神和人生價值得到了對比和提升。

一個人要是在經歷苦難時，總是能夠表現出種種頑強與不屈，而且這種頑強和不屈在他那個時代總是處於前沿，那麼他就有可能在歷史長河中成為一個不朽的存在。縱橫歷史，迄今為止沒有一個人能把「在路上」這種形式比玄奘更好地完成為千秋絕唱。我們有時候看問題時，很注意人在某件事中的精神反應。所以，儘管玄奘身上有著一種超越時空的深遠魅力，但也不是一個詩意的玄奘，在茫茫大漠中，他頑強地選擇著命運，突破了人自身的有限性，使精神光芒突顯出來，提升了人的意義。

還有一點，使玄奘成為一個「不朽的追求者」的環境是大漠，西行長路迢迢，險隘危關重重，玄奘一頭紮進去再也沒有猶豫和回頭，這巨大的反差，形成了強烈的內在衝突，使他的精神價值得以淋漓盡致地展示。

翻讀《大唐西域記》，其內容也無外乎就是這些，但從字裡行間，卻能夠感受到地域氣息撲面而來。

二、用腳走出一本書

基於《大唐西域記》是因為玄奘的西行經歷繁衍而出，所以我覺得應該先敘述一下玄奘的西行經歷。他西行經歷突顯出的堅忍不拔的精神，為他日後成書起到了決定性的作用。

玄奘出身不好，但自小聰慧過人。十歲時，父親離世，為了給家裡省出一張吃飯的嘴，玄奘隨二哥到淨土寺剃髮為僧，做了小沙彌。入寺之後，玄奘很快就顯得與眾不同，寺裡的僧人都為這個虎頭虎腦的少年有如此好的天賦而震驚。到了十七歲那年，玄奘和哥哥一起到了長安，此時的玄奘已被國內知名的法師景法、嚴法等人承認。到了二十五歲那年，玄奘在長安遇到了一位印度來的法師，從他那裡獲悉印度的戒賢法師知識廣博，尤其對大乘佛經頗有研究。與那位法師告別後，他心想，既然人家能這麼遠來中國，我為什麼就不能去印度求經？

玄奘約幾位「同志」合力上書皇帝，陳述西行取經的請求，當時的唐朝剛立國不久，正忙於平定國內此起彼伏的藩鎮封建割據勢力，再加上河西走廊當時正處於西突厥人的控制之下，所以李世民將上書駁回，不讓他們西行。其他人都知道西行無望，便放棄了原來的打算，唯有玄奘仍然矢志不移，決定自己一個人去單幹。幾經準備，他混在難民中逃出長安，匆忙向西而去。

一個人就這樣上路了，要不是在內心發誓一定要尋求那個目標，抑或他的整個身心沒有被一道精神的光芒照耀，他就不會走上這樣一條道路。就在他出長安後不久，朝廷發出了讓沿途縣衙捉拿他的命令。玄奘走到涼州（今武威）時，見此州為河西都會，一邊連著西蕃，另一邊通往許多個王國，商賈往來，無不停絕，便停留在那裡講經。他的講解吸引了當地和各「國」的許多人，人們為他淵博的知識和過人的修養而驚訝，頓時給他佈施的珍寶金銀堆積如山，送來的馬匹勝不勝數，而玄奘只接受一半錢財用於燃燈，其他均贈送給了涼州的各寺院。各「國」聽講者回去後向自己的「君長」大力頌揚玄奘，由此為玄奘在以後能夠通行打下了基礎。

而這時候，朝廷的「通緝令」也正在馬不停蹄地向他追來，終於在瓜州追上了玄奘。瓜州吏李昌信佛教，捉拿玄奘的文書送到他手上時，他將文書撕毀，讓玄奘及早動身出瓜州。第二天，玄奘悄悄離瓜州而去。出瓜州，他駐足回頭凝望，身後沒有李昌的身影，一股複雜的感覺大概倏然湧上心頭，他不知道撕毀文書，放走要犯的李州吏該如何向朝廷交待。他一定在心裡隱隱約約感覺到了什麼，就趕緊為李州吏念了一段彌勒佛經，又向前走去。

在後來的旅途上，胡人石磐陀又成為玄奘生命遭遇中的一個重要人物。石磐陀聰明機智，身體健康，待人恭敬嚴肅，他發誓要送玄奘過「五烽」。在半路上，石磐陀畏怯路途艱難，持刀逼玄奘返回。玄奘不說一句話，石磐陀扔下刀獨自返回，石磐陀走後，玄奘孑然一人獨自在沙漠摸索前進，路上的骸骨和馬糞成了他辨認道路的有力依據。進入莫賀延磧後，玄奘一個人牽著那匹馬在茫茫大漠中踽踽而行。一天，玄奘不慎將水袋打翻，等他撲到水袋跟前，水卻已經在沙子中變成了幾道痕跡。沒有了水，他萬念俱焚，抵不住懊喪，準備東返。他知道在沒水的情況下再往前走，就是直接走向死亡，但他轉念又想，我先前曾發誓若不到天竺不東歸一步，現在怎麼能回去呢？

寧可向西而死，豈可歸東而生？於是他在燥熱難耐的沙漠中走了五天四夜，其間人馬皆無滴水沾喉。第五天，玄奘和那匹馬雙雙跌倒在沙漠中。也許那匹馬真的「健而知道」，當玄奘半夜被冷風吹醒後，發現牠已站立起來，像是得到了很好的歇息。那匹馬憑著本能的感覺帶著玄奘一直往前走去，天亮的時候，一幅令人歎為觀止的奇景在他眼前出現了，前面有一片綠草地，旁邊有一個池塘。

玄奘到達伊吾（今哈密）時，對玄奘西行早有耳聞的高昌王麴文泰派人在路口迎接他，要邀請他前去高昌佈道。數日後，玄奘果然到了，被熱情邀往高昌王國。但很快，高昌王麴文泰與玄奘之間的關係出現了的意想不到的波折。玄奘在高昌受到前所未有的盛情款待，設壇講經自然是不可缺少的內容。可能是麴文泰對玄奘太崇拜了，他終於提出了一個讓玄奘無法接受的要求：請大師留在高昌做我們的國師吧！這是一個並不是什麼人都有機會獲得的殊榮，但玄奘卻拒絕了。麴文泰按捺不住內心的憤怒，也不要一個君王的斯文了，大聲威脅玄奘，「如果高昌國不讓大師西行，大師能成行嗎？」到了這樣的地步，無奈，玄奘以絕食抗爭。三天中，玄奘顆粒未進，而麴文泰卻在內心經過了激烈的鬥爭。在第三天，他終於被玄奘感動了，在內心更尊重玄奘了，他要盡自己最大的努力支持玄奘西行。他大筆一揮，為玄奘批了一大筆經費：「四個沙彌以充給侍。制法服三十具。以西土為寒，又造而衣、手衣、靴、襪等各數事。黃金一百兩，銀錢三萬綾及絹等五百匹，充法師往返二十年所用之資。給馬三十，手力二十五人。」有了這樣的保障，玄奘的西行取經之路便更順暢了。

接下來，讓我把筆跳躍一下，落在玄奘與麴文泰分別十七年之後的幾件事上。玄奘在印度修成之後，準備攜帶經書返回長安，日戒王問玄奘歸國是走海路還是陸路，玄奘回答：還是從北路回去，見老朋友。當時中印之間海路更發達，而玄奘卻堅持從陸路回歸。這個決定再次改變了《大唐西域記》的內容，否則，他回來的路線也不會記錄在該書之中。同時，他的這個回答也是對麴文泰的高度評價，時隔三年，他對麴文泰的感激之情依然未減半分。然而，當他風塵僕僕地赴麴文泰的三年之約的時候，此時的西域形勢已經發生了很大的變化：至於麴文泰已在幾年前亡故，他的高昌國已成了唐朝的一個州，玄奘沒有再到高昌故地，他決定直接回唐朝。

踏著一路塵灰，玄奘終於回到了闊別十九年的長安，一本書的紙頁似乎在隱形之中已經開始作響了。

三、奉詔撰述

玄奘十九年前是「逃犯」，十九年後可謂是功勳卓著。他帶回佛經六百五十七部，五百二十夾，許多是當時國內之孤本。出走的時候是偷渡者，回來後因為滿載經文，玄奘的罪就全免了。這樣的事對於任何一個皇帝來說都不是壞事，定罪不定罪，全由他說了算，他還有什麼為難的呢?!於是，該立功就立功，該獎賞就獎賞，而且還大力提供科研經費，讓玄奘一門心思搞學問。從此，玄奘在唐太宗的支持下開始了巨大的翻譯工程。

一天，唐太宗突然冒出一個念頭，讓玄奘把西行的經歷寫出來，讓更多的人瞭解他的所見所聞。不管唐太宗之意是出於政治需要，還是一時興趣，但玄奘都不敢馬虎，務必得把這件事辦好。也就是從這時起，《大唐西域記》的另一位準作者辯機也走到了歷史舞臺的前沿，開始引起人們的關注。

從時間上而言，玄奘是在回國之後的十九年中陸陸續續完成那些佛學翻譯的，所以在這時可以先抽出一些時間寫《大唐西域記》。也許玄奘的文學寫作水平低於辯機，或者說他的地位已經很高了，所以他決定自己口述，由辯機執筆撰寫。關於辯機的個人資料，如經歷、俗名、出生地、家世、父母等，均無人知曉。我們只能從《大唐西域記》的卷末語的幾行文字中，看到辯機用謙詞介紹自己繼承了祖上隱逸之士的血統，自少年時期便專心學問。十五歲時出家為僧，在大總持寺拜道岳為師。貞觀十九年正月，他因為知識豐富、文字功底好被指派協助玄奘撰寫《大唐西域記》。

按今天的著作權法衡量，《大唐西域記》的著作人應該由玄奘和辯機共有，但我見到的《大唐西域記》的署名皆為「玄奘撰」，不見辯機的名字。史學界也曾為《大唐西域記》的著作人應該由玄奘和辯機共有而產生過爭論，但因歷史已不可重寫，所以最終不了了之。

在當時，辯機大概並未對署名與否在意過，他也許心想，撰寫《大唐西域記》之重要性其一在於是政治任務，不論怎樣捨棄個人利益，都不敢馬虎，務必完成；其二在於能與玄奘這樣的大師合作，是對他這樣的無名小僧的提攜，實屬萬幸，花一點力氣又算得了什麼呢？出於這樣的心理，辯機做好了好好幹活的準備。我們從各種資料中可得知，辯機是很有才華的，只是苦於沒有機會展示自己。正是與玄奘合作寫《大唐西域記》，讓他的才華得到了一次充分的展示。

在動筆之前，玄奘一定是向唐太宗彙報過《大唐西域記》的大綱之類的東西的，在此過程中，玄奘都盡可能表示自己的西行皆依賴於皇朝，從來沒有談到麴文泰。玄奘把麴文泰忘記了嗎？我想，玄奘之所以這樣做的原因有可能是他在內心把麴文泰看得太重，他寧願把一切都深埋在內心。感情深，深到了無以言表的地步，還說什麼呢？再則，他知道麴文泰不聽唐朝的話，最後被唐朝大軍給收拾了，所以，在皇帝跟前不能言及麴文泰對自己的幫助，只能說成是朝廷的功勞，否則，李老頭一翻臉，重提早年偷渡的事，自己的腦袋還能保住嗎？看看，就是純粹搞學問，也得留個心眼，不然，一不小心惹禍上身，那點學問是保不住自己的。

從當時的情況而言，玄奘和辯機的工作一定有很優越的待遇，因為他們幹的是皇帝親自吩咐下來的活兒。在當時，他們兩人也許都沒有意識到這本書在日後會成為經典，在時間的長河中，他們猶如飄零的樹葉一般隱沒，但這本書卻留傳了下來，而且還成了一部經典之作。

那些天，玄奘按照時間順序，把自己的西行經歷一點一點講給辯機，辯機在一旁或認認真真記下，或按照記錄改寫。對玄奘來說，口述實際上是對自己親身經歷的一次回憶。他講著講著，思緒便波動起來，深為自己的經歷而感慨。從形式上而言，《大唐西域記》實際上是中國的一部比較早的寫實作品，在口述過程中，玄奘在內心把自己走過的路又走了一遍。不知唐朝的口述作品是否就是《大唐西域記》的這種模式，但因為有了辯機頗顯才華的撰寫，所以《大唐西域記》的文字極富浪漫色彩和神秘主義，後人閱讀時，忍不住吟誦再三，交口稱讚。

據史料載，玄奘回國是貞觀十九年，而《大唐西域記》撰寫完畢是貞觀二十年，他們兩人僅用了一年零兩個月的時間完成了十二卷、十萬多字的《大唐西域記》。在一年多的時間裡完成十萬多字的一部作品，可見玄奘和辯機的速度很快，尤其是執筆的辯機，文字功底很扎實，在玄奘口述之後，他一稿即成。

《大唐西域記》共羅列了一百三十八國，其中「親踐者一百一十國，傳聞者二十八國」（〈進《西域記》表〉）。史書證明，該書的史料價值極高，比如一直到了今天，印度考古學家仍然以《大唐西域記》記載為依據，在解釋佛祖釋迦牟尼成道後第一次轉法輪的鹿野苑、以及他成道時的那棵菩提樹的確切位置等。尤為突出的是，《大唐西域記》的記述高度濃縮，且文字優美。

玄奘心裡清楚，皇帝和朝廷之意是讓他傳播西域知識，讓中原人瞭解西域。於是他將自己親身經歷和傳聞，以及西域和南亞諸國城邦的真實情況一一寫入了書中，在取書名時，他也毫不猶豫地讓這部在日後成為經典著作突出了「大唐」二字，並鄭重其事地寫上了「奉詔撰述」，可見玄奘是很講政治的。

這麼重要的一本書寫完了，一定要搞一個很隆重的「獻書」（用今天的話說是首發式）活動。玄奘和辯機將書稿捧上聖殿，唐太宗細細翻看，對他們寫作很滿意。他們這才鬆了一口氣。之後，玄奘和辯機又去搞佛學研究了，這本書便以它內容通俗易懂，而且好看的優勢變成了唐朝的一本暢銷書。

四、辯機之死

《大唐西域記》一書的命運並不坎坷，即使部分原稿殘卷在後來遺失民間，乃至到了敦煌，後又由敦煌被幾個有另一幅面孔的國際「友人」盜走，流入英國和法國，但都沒有發生什麼驚心動魄的事件，因為它在這之前已被多次抄錄，在國內有很多全本。作為一本書，《大唐西域記》的根牢牢地長在了中國，誰也無法把它連根拔起，佔為己有。

但辯機在撰寫完這本書後不久，命運卻發生了很大的變化。他的命運之起落實際上在他一字一字寫這本書時就已經開始了，只不過他一門心思寫作，沒有覺察而已。

事情的起因源於一個微不足道的小偷，唐貞觀末年，長安的一名小偷被抓。該小偷乃一般人物，但從他身上所繳獲的贓物卻很嚇人——官府的人在他身上一摸，便摸出一個鑲金飾銀、豔麗奪目的女用豪華玉枕。此物絕非一般飾之物，乃是皇宮裡的東西。一番嚴厲審問，小偷便招供，此玉枕是他從一個和尚那裡偷的。再一問，便問出這個和尚就是辯機。

官府的人疑惑，此玉枕乃皇宮裡的東西，莫非是辯機先偷了去，後又被小偷竊走的？此非小事，趕緊往上報吧！於是，便報到了禦史臺處。禦史臺大人很頭疼，馬上派人把辯機招來詢問。辯機感到事態不妙，便一口否認。禦史臺大人動了心思，哄騙他說因此事牽扯到高陽公主，所以不會對外張揚，只要辯機說了實話，他可以替辯機隱瞞。才華過人的辯機也覺得背靠高陽公主一定不會有事，於是便說出此物乃高陽公主所賞。禦史臺大人的眉頭大概皺緊了，高陽公主賞一和尚玉枕，看來問題不那麼簡單。他繼續調查，這一查把禦史臺大人嚇了個半死，他怎麼也不會想到，辯機和高陽公主有性關係，而且已經持續八九年之久了。

再細問，才知道高陽公主一點都不喜歡丈夫房遺愛，某一天，她和房遺愛到長安郊外打獵，見到雖然穿著粗布衣裳，但仍然英俊和儒雅的僧人辯機，立刻心旌飄飄，用火辣辣的目光望著他。少頃，她讓隨從把攜帶的帳床等用具抬進辯機的草庵，招引辯機進去，一番引誘，便與辯機寬衣解帶，極盡雲雨之歡。讓人不可思議的是，當時房遺愛在場，不但不阻攔妻子恣情縱欲，反而像是對高陽公主忠心耿耿，以妨礙「公主休息」為名把所有隨從支開了，由自己親自擔任護衛。自此之後八九年時間裡，房遺愛一直默許高陽公主和辯機幽會，高陽公主為報答他，特送他兩名美女供他享用。

高陽對辯機生出了愛意，也由此體會到了有生以來第一次談戀愛的滋味。據史載，她美麗的容貌在談這場戀愛時不需施胭脂，就能散發出玫瑰色的紅暈，而她的眼睛裡更是閃爍著豔麗的光澤。高陽公主興奮、甜蜜和幸福；而辯機卻害怕，苦惱和矛盾。他覺得此事一但暴露，自己一定會掉腦袋。但她又無法擺脫高陽公主，所以便就那麼苦挨著日子。

當辯機被指派去協助玄奘撰寫《大唐西域記》時，他萬分高興，頓時覺得自己要換另一種活法了。他想藉這個機會擺脫長期沉溺於情慾的煩惱，並專心致志搞佛學研究。癡情的高陽公主見無力留他，便眼淚汪汪地把一個玉枕交給他，擁抱著他說出了她一生中最後的一句情意綣纏的話：「這只是暫時的忍耐，如果從此不能相見，我實在無法忍受……在我們相見之前，就把這個枕頭當作是我，每天晚上抱著它吧！」

辯機拿著那個玉枕走了之後，很快便全身心投入到了《大唐西域記》的撰寫之中。或許因為他英才卓絕，或許因為他已對偷情厭惡之極，所以他撰寫《大唐西域記》時極其認真負責，從不為高陽公主分散精力。高陽公主仍然對他滿懷熱情，但卻苦於無法和他見面，只能苦苦思念。那個玉枕被辯機扔在住所，從未抱它一次。按高陽公主的囑託，此玉枕也就是她，辯機未抱它一次，也就等於未抱她一次。

那個小偷盜走玉枕時，辯機正沉浸在撰寫《大唐西域記》的幸福之中。玄奘西行經歷之豐富，讓他深受鼓舞，手中的筆不覺間便變得靈敏飄逸了很多。至於高陽公主，或許已被他淡忘了很多。那個小偷案發時，他已撰寫完《大唐西域記》，返回弘福寺又開始譯經。通過撰寫《大唐西域記》，他名聲大振，在大唐佛學界已經有了很高的地位，所以他要趁熱打鐵，全身心投入到佛學研究中去。但他未料到，一個壓根兒沒引起他多大興趣的玉枕，卻葬送了他的一切。

禦史臺大人瞭解到了事情的來龍去脈後，感到很頭疼。他知道，高陽公主不好惹，高陽公主的丈夫房遺愛雖然是個窩囊費，但其父房玄齡更不好惹。再則，辯機剛剛協助玄奘完成《大唐西域記》，舉國上下叫好，但卻出了這樣的事，他一時不知該怎麼辦好了。思前想後，他如實寫好一份奏文，送到了唐太宗跟前。唐太宗看完後為之大怒，咬牙切齒地下詔，把辯機處以腰斬。腰斬就是讓罪人赤裸，一刀從腰間斬成兩段，其殘酷程度可謂是一種極刑。唐太宗之所以如此惱怒，是因為他覺得這個不知天高地厚的和尚玩了自己的女兒，大唐的公主。殊不知，其實是他女兒，大唐的公主，玩了這個和尚。

辯機被處死了。當時，《大唐西域記》才剛剛面世，還沒有起到對大唐重要的作用，雖然辯機作為該書的重要作者，卻不足以抵消「造成國恥」的罪名，只能一死。

辯機死後，《大唐西域記》越來越受人歡迎，遂成為一部經典之作。

福樂智慧

——書寫和述說的快樂

一、書寫的幸福、述說的快樂

「我看見和經歷了，我開始書寫和述說。」應該說，說出這句話的玉素甫・阿吉（Yusūf Khāss Hājib）是一個幸福的書寫者。

這幾年，我讀書越來越少了，有時心情安靜下來想讀書，但眼睛茫然地在書櫃內一溜溜書名上徘徊，不知該讀哪本書為好。但在這時，往往卻會出現另一種奇怪的現象，徘徊的眼睛不知該停在那本書上，但手卻像是聽到什麼召喚似的，會本能地伸向這幾本書中，它們是張承志的《心靈史》、帕維奇的《哈扎爾辭典》，和玉素甫・阿吉的《福樂智慧》。從這幾本中隨便抽出一本，打開之後都可以馬上讓心靜下來，尤其是玉素甫・阿吉的《福樂智慧》，隨便翻到某一頁，都可以讀下去。

讀《福樂智慧》，不同的心境會有不同的感受。如果從頭至尾讀一遍的話，則可以感受到作者對知識、真理、幸福的獨特詮釋，會得到一次特殊的體驗。我每次讀《福樂智慧》都覺得很新鮮，毫無阻礙，一讀便讀進去了。好作品不光僅僅只是一部作品，它還應該是作者的一種行為。《福樂智慧》有很清晰的文化根源，所以它的現實作用也同樣體現得淋漓盡致。它告訴了人們很多行為準則和道德規範。當然，它所體現出來的文學性的東西更多一些，其優美的旋律，精彩的描述，深刻的議論，使它的藝術價值得以充分展示。

一本書的特點被如此真實地彰顯了出來，作者也由此而變得清晰了起來。也許應該鄭重寫出《福樂智慧》的作者的名字：玉素甫・阿吉。他一〇一八年出生於喀喇汗王朝（Karakhanid Empire）八拉沙袞（Balasagun）名門世家，在青年時來到喀什噶爾（Qeshqer）的「汗勒克買德力斯」——皇家伊斯蘭教經學院，學成後留院執教，當了一名老師。從一名老師到一位詩人，這之間的距離有多長？也就是說，一名老師在什麼樣的情況下會變成一個詩人。詩歌是人的靈魂之舞，心靈中的神之囈語，所以，一個人要變成詩人，打開自己的那一刻大概很奇異的吧。打開自己，另一個自己大概就出現了，在替神在說話。詩歌，也就是對神的話語的記錄。

按前面的說法，好作品不光僅僅只是一部作品，它還應該是作者的一種行為。那麼，《福樂智慧》是一部神之書，作者也就應該是神的一次誕生。

二、一條河的啟示

喀什噶爾的吐曼河是一條對玉素甫・阿吉有過生命啟示的河。那個炎熱的夏日想必在那一刻是充滿靈異之光的，在浩渺的天宇之間，一定有一道無形的光芒穿越而來，照徹在佇立在吐曼河邊的玉素甫・阿吉身上，他禁不住發出一陣戰慄。緊接著，是大地上的一些事物被這道光芒照亮，它們好像終於從時間和落定的塵埃中獲取了說話的機會，頃刻間，一片細語如同隔世冥音，在吐曼河的水面上響徹。

這大概可能就是一個詩意湧動的時刻，現實在瞬間的特異感覺中煥發了活力，彌漫開一種濃稠的，讓人神往的東西。正像若干年後，玉素甫・阿吉回憶的一樣：

> 那一刻，我感到自己的心飛出了胸腔，與那道光芒一起舞蹈；我覺得一切都是那麼有意思，我體驗著從未有過的幸福。

這時候的玉素甫・阿吉已經讀完喀拉汗皇家伊斯蘭經文學院，他心頭的智慧之樹已長出繁茂茁壯的青枝綠葉。所以，他能感受到那道靈異之光在自己內心的閃現。那一刻的感覺是奇妙的，世界的另一種面容出現了，它讓他感到了另一個到處充滿明燈的世界。

是吐曼河在那個夏日裡為他呈現了靈異，把他變成了一個詩人。但他對此卻並無更深的覺察，只是覺得這種感覺很好，但正是這種神示的感覺，讓他在內心埋下了一顆種子，這顆種子在他身體裡慢慢成長著，向他的心靈和靈魂輸送著新的血液，這些新的血液要把他變成另一個人，讓他成為一個講述者，說出他聽到的那些神的話語。

又一個春風和煦、陽光明媚的日子，他帶著一批學生到吐曼河邊吟詩唱歌，大家又談起了詩。為什麼在這時候忽然談起詩？但偏偏就是這次談詩，一如寬闊的海面忽然湧起了波濤，為他成為一個偉大的詩人起到了推波助瀾的作用。玉素甫・阿吉註定要在吐曼河汲取靈感，註定要有這兩次神魂顛倒，繼而從一個凡夫俗子被洗滌成大地上善於傾聽的智者。或許，吐曼河是神異的，每天都在波動著那種奇音妙語，但很多人都與之擦肩而過，唯獨玉素甫・阿吉和這種東西神遇了。這正如博爾赫斯在《神的文字》中所說：

> 誰都不知道他寫在什麼地方，用什麼字母，但是我們知道那一句話一直秘密地存在，將由一個被選中的人看到。

玉素甫・阿吉正是這個「被選中的人」。那天，他越說越激動，向學生談了自己的理想，並隨口吟出一句：「明麗的春天拉開了幸福之弓。」學生們驚異，大呼這是好詩。學生們的驚呼，肯定讓玉素甫・阿吉心裡隱隱悸動了一下。在那一刻，是學生造就了老師。但他只是細細品嚐著這句話留下的意猶未盡的蘊藉，並沒有意識到自己已經不知不覺地開始了詩歌創作。是不是吐曼河在暗中緊緊抓住了這個人，反正，他望了一眼吐曼河，忽然想起了一個啟人心智，動人心腑的故事。這個故事在後來成為《福樂智慧》的基本線索，各種史書對這故事的敘述都是一致的，我挑選手頭的一本書中的資料引用在這裡：

> 在一個美麗的國家裡，國王「日出」勵精圖治，一心求賢。「月圓」慕名前來求見，以圖報效國家。國王慧眼識才，命「月圓」出任大臣多年。「月圓」辭世時向「日出」國王託付其幼子賢明，賢明得國王恩遇而承襲父職。賢明有一宗親名曰覺醒，人品高潔，日出王欲召其出仕，與賢明共為輔弼。然而，覺醒卻奉行遁世主義，潛隱山林苦修，雖經賢明奉旨三次敦請，始終不肯應詔出仕。時光流逝，賢明亦產生了遁世苦修之念，覺醒卻勸其忠心報效日出國王。不久，覺醒罹疾，臥床不起，賢明前往探視。覺醒告誡他，為王要懂知足，一切皆為精神文化傾向，順其發展，人性不可違。覺醒死後，日出王和賢明深感悲戚，對其高潔人品緬懷不已。此後，賢明秉政愈加勤勉，天下遂乃大治。

這個故事沒有帶出下文。倒是玉素甫・阿吉的心錨在那一刻由這個故事引發，找到了處女航的港灣。他因為激動，將目光投向嘩嘩流淌的吐曼河，此河正緩緩流淌，平靜的水面像一個鏡子，將兩岸的樹木和房舍的倒影全部吞納於內。它真是夠概括的了，彷彿大千世界裡的一切，都能夠在它這裡得到一次嬗變；所有的語言，都能被它緩緩說出。他的心為之一動。他從一去不復返的吐曼河忽然發現了一種韻律，它氣吞萬象，似乎將一切都歸納在了一起。他有了一種衝動，他要把那個故事寫成長詩，長詩由每個故事組成，而整部長詩的結構就如同無數條小溪匯成的吐曼河。這個打算一經他說出，眾人歡呼雀躍，並建議此詩寫成之後，獻給東部喀拉汗王朝大汗。

儲滿熾愛的心胸變成了大海，禁不住要汪洋奔湧。西元一〇六九年春天，玉素甫・阿吉濃烈的詩情爆發了，他拿起筆躲進一個小巷中，從此再未露面。從形式上看，他似乎因此與世界隔絕了，但從意義上而言，世界此時已經燃燒成了一把火，從他的心裡湧向筆尖。從此，在那個不為人知的小巷裡，在那個只能容得下一個人的小屋裡，他徜徉於一本書一行一行的詩歌寫作中。語言、思想、政治、哲學、知識、歷史、文化、宗教、經濟、法律等等被他一一涉及，由於他對這些事物抱有一種敬仰之情，所以這些事物的意義一一顯現了出來——他進入它們，如同在接近崇山峻嶺，他徜徉、跋涉、暢遊、穿越、航行、匍匐、攀登……這時候他的筆就是帶他飛翔的翅膀，他俯瞰大地，讓筆下的一行行文字穿越過高原大川，天宇星河，峭崖險峰，汪洋大海，遼遠平原和清渠水溪，然後忠實地記錄。

寫作是幸福的，玉素甫・阿吉就是一個最好的驗證。

三、治國的鑰匙和韁繩

一部精神之書的完成過程，就像晨曦之光一樣越來越清晰，越來越明亮。一〇六九年金秋的一個早晨，一部一萬三千兩百九十行的長詩《福樂智慧》終於在喀什噶爾誕生。詩人激動不已，在他整整五十歲——天命之年——他終於收穫了一個豐碩的秋天。較之於在西域這塊土地上產生的其他藝術作品，如《艾裡甫與塞乃木》、《瑪納斯》、《江格爾》、《十二木卡姆》等，《福樂智慧》更具抒情意味，而且顯示出了作者高超的藝術表現手法，是一部充滿真摯情感的作品。

一本書寫完了，接下來就得給它找一個歸宿。詩人想了想，把它獻給東喀拉汗王朝的布拉格大汗吧，通過他，可以讓更多人的看到這部書。這是一個比較穩妥的辦法，在當時，只有通過大汗的宣傳和推薦，才可以使一部作品像今天的「出版」和「發行」一樣，獲得走向大眾的機會。由此可見，一個人不能光寫東西，還要會推薦自己才行。這與當今文壇的一些操作模式是一樣的。

大汗很高興，有人寫了書，要獻給自己，那自然要接受了。不久，在一個月圓之夜，詩人被召進布拉格大汗的王宮內，大汗和親信隨臣圍坐一起，傾聽著詩人富於激情地朗誦著這樣的詩句：

「從東方吹來的春風，
給世界善良的人打開了天堂之路。
積雪消失大地充滿馨香，

脫去冬衣世界又穿上新裝。
此時宇宙瞧著自己，
看著別人，感到自豪又歡喜。」
「知識偉大智慧不可思議，
這二者特選的奴隸變得高大。
智慧和知識可以洞悉一切
證明這點有這樣的話：

有知識者可以達到目的
有識者疾病遠去。」
「社稷的基礎建於正義之上
正義之道乃社稷的根底。

清醒和法制是國家基石，
又是治國的鑰匙和韁繩。

良法使國運昌盛，人民興旺，
暴政使國衰微，天下不寧。

男兒若伸出才德的手，
巍巍高山也會向他低頭。」

長詩以詩劇的形式，通過四個虛構的象徵性人物之間的對話頌揚英明君主，賜金玉良言，歎國運興衰，惋韻華易逝。同時還反映出維吾爾族在中古時期的政治、經濟、法律、倫理、哲學、歷史、文化、宗教以及社會生活。由於作者是一位「有節制力的篤信宗教的穆斯林學者」，因而作品在多方面不同程度地受到阿拉伯和波斯文化的影響。

《福樂智慧》就是「帶來幸福的知識」的意思。王朝大汗被這部煌煌巨著震驚，賜詩人以錦袍，封詩人為「哈斯・哈吉甫」（Khāss Hājib）——親隨筆侍衛（相當於大汗的高級顧問）。一顆詩星在喀什噶爾天空之上冉冉升起。一本書是一塊土地的精神，它給人們的心靈帶來了啟迪，讓人們明白，愛，同萬物一樣，對人葆有養育之恩。

四、後世的敬仰

偉大的書都與時間有很大的關係，有時候，它會在它所誕生的那個時代被確立地位，有時候則要等幾個世紀才被喚醒。《福樂智慧》要比在它之後誕生的《突厥語大詞典》幸運得多，一寫完就進入了高層閱讀領域，而且沒有遭受流失的苦難。作為一本書，它是幸福的。

詩人的墓位於喀什市南郊，肅穆典雅，雖然現在已成為旅遊景點了，但仍有一股很濃的文化氣息。我去的時候是一個清晨，人們剛掃完地，在地上撒了水，空氣中彌漫著一股清新的味道。墓前是一個大院子，種滿了葡萄，人只能從葡萄架下的一條通道中出入。每往裡走一步，身心便緊張一份，這一步步雖然離一位大詩人越來越近了，但面對他偉大的詩歌，心裡面還是有幾分膽怯，不由得在心裡發問，自己這是聆聽來了，還是交作業來了？

這些年在新疆生活，寫下了一些和這塊土地有關係的東西，但我又怎敢與《福樂智慧》相比呢？

我曾在那裡碰到了一個賣《福樂智慧》的書櫃，我覺得在詩人墓旁買一本《福樂智慧》很有紀念意義，於是便買了一本。去年，河南的女詩人藍藍來新疆，我陪她轉烏魯木齊的大巴紮，在民街看「西域三十六國」時，她看見有一面牆上刻有《福樂智慧》中的詩句，一讀之下十分喜歡，她回鄭州後，我將我那本《福樂智慧》寄給了她，我覺得《福樂智慧》應該讓更多的喜歡它的人看到。

玉素甫・阿吉死後，大汗把他安葬在吐曼河畔的「巴日尕」（意為「軍營駐地」）。四百年後，葉爾羌汗國第二代君王阿不都拉熱西提汗拜謁詩人之墓，看到詩人的靈位受到洪水威脅，於心不忍，當即決定把詩人的遺骨遷往「阿勒吞魯克」。這個地方就是我們現在看到的位於喀什市體育路南側的皇家陵園。詩人終於得以安眠，也許，他的英靈正在一個梵音環繞的高空鳥瞰人間，他一定看到了無數後生在叢林間捧讀他的詩篇；看見阿不都拉熱西提汗和王妃阿曼尼莎罕用十二木卡姆吟唱著他的詩章；他一定還看見吐曼河畔鳥鳴啁啾，黃回綠轉，人間如此安詳，足以使他在另一個世界安息了。一個人為一片土地進行了一次靈魂的書寫，當他長眠在這塊土地之下，他必然與它融為一體。他的生命，雖然正如書中所寫：「生命好比清風，一閃即逝。」但他緊緊抓住了其中的那道光芒。

突厥語大詞典
——你看我，就是治療我

一、無奈的離開

一個王子，因為一場災難，變成了一個大學者。這是一種不幸還是大幸？曾聽人說過這樣一番話，歷朝歷代的皇帝多得讓人數不清，也記不住他們中間多少人的名字，而李白只有一個，沒享受過一天皇帝的生活，只是游走山河，瀟灑作詩，但他卻被世人銘記，詩與人一起已經活了一千多年。其實，皇帝只是為數不多的人從事的一種職業，老了便也得退休，死了便也燈滅煙散。而李白卻活在了人們的心中，成為一道永恆的精神光芒。

另有一個故事，說梅特林克在一九一一年獲諾貝爾文學獎後，比利時國王決定召見他，當他進入王宮，國王起身迎接他，那一刻，國王居然渾身發抖，緊張得不得了。因為，在那一刻他感覺到自己作為一個政權的國王，不如這位在比利時人民心中是精神之王的人深入人心，他為自己無法擁有梅特林克所具有的精神力量而緊張，渾身便止不住發抖。那一刻，精神的光芒戰勝了政權的力量。梅特林克是很注重精神指向的一位作家，他在一部戲劇中曾寫了這樣一個故事：一個逃難的男人被一個女人保護了起來，兩人產生了愛情，女人為男人生了幾個孩子。後來，男人還是被抓走了，女人牽著幾個孩子的手追出門對丈夫說，你放心，我一定要把他們全部養活大，有一天你真的要被殺頭，我們一起為你哭，大家在一起有很大的哭聲。梅特林克通過這樣的作品深入了比利時人民的心，被人們譽為「比利時的莎士比亞」。

經由上面的故事來衡量那個王子的遭遇，他因為一場災難變成了一個大學者，應該是一種大幸了。那個王子的命運變化與十一世紀喀喇汗王朝（Qara-Khanid）的一場政變有關，當時執政王朝的是侯賽音（Hussayn），他早先曾是喀喇汗王朝所轄巴爾斯罕城（Barsgan）的艾米爾（相當於總督），後接替父親的汗位。這樣，就使父親的另一位大妃對他懷恨在心，因為她想讓自己親生的兒子來繼承王位。一〇五八年秋日的一個黑夜，她毒死了侯賽音，繼而又殺死了許多王室成員，讓他的兒子當了喀喇汗王朝的大汗。這是一個有手腕的女人，男人們辛辛苦苦打下的江山，被她用幾包毒藥輕而易舉地佔為己有，她的兒了當上了大汗，她從此就可以垂簾聽政，掌控國家大事了。

在這場宮廷政變中，有一個人逃了出來，他就是侯賽因的兒子麻赫穆德．喀什噶里（Muhammad al-Kashgari）。也就是從這裡開始，他從一個王子蛻變成了一個學者。他出生時，祖父給他起名為「麻赫穆德」（Mahumd），意思是「益民」，「贊善」，「昭文」，「博識」。相對於他日後的命運，這個名字的含義似乎有一種預兆——他極有可能會成為一個文人，做大學問，而不會去過貴族生活。後來，這一切果然都靈驗了。從他後來的撰寫的書中，我們得知他「擅長槍術和騎馬射箭」，但他卻沒有上過一次戰場，打過一次仗，命運讓他變成了一個書生，從此握筆如刀，字字見血。但有一點卻可以讓我們做出一個推斷，正是因為他有很好的武功，才能夠從災難中逃出。

有那麼多人都被害死了，唯獨麻赫穆德・喀什噶里似乎運氣不錯，感到氣氛不對時便趕緊跑了出去。他從一場血腥的內訌中逃出，應該是一個讓人心驚肉跳的日子吧！而隨著他逃命成功，他便也結束了自己作為王子的身份。逃出王宮後，他可能才能夠鬆一口氣，一個人站在烏帕爾山上，滿含熱淚望著喀什噶爾。一場政變剛剛結束，養育他長大的喀什噶爾此時已被血泊浸染。眼下的情景讓他明白一個道理，國已不國，君已不君，作為喀拉汗王朝大汗的孫子，他在喀什噶爾已沒有立足之地，他不得不遠去。

麻赫穆德・喀什噶里的流亡之路就從這裡開始了。歷史的逆轉往往令人防不勝防，它會在轉瞬之間一改以往的規律，生發出讓人目瞪口呆的事件。按說，麻赫穆德・喀什噶里只需等待一些時日，在日後無論如何都會成為喀喇汗王朝的大汗的，但命運的捉弄又常常是不可改變的，這個在中世紀令人敬仰的王朝到了他這裡忽然風雲變色，不光整個王國一夜間改換面孔，就連他也險些遭到殺害。大雨落下時，小草又怎能抵擋得住呢？在當時的情況下，麻赫穆德・喀什噶里就是一棵小草，確實無力抵擋一場腥風血雨。既然抵擋不了，那麼有沒有別的出路呢？有時候，上帝雖然關上了門，但卻會打開另外的窗戶。麻赫穆德・喀什噶里的命運像一枚葉片一樣，在歷史的激流中打出幾個旋渦後，終於又浮了上來，旋轉出了另一種人生機遇。就是在他決定遠走他鄉的那一刻起，他開始邁上了成為一個偉大學者的生命之路。如果去當一位大汗，他能不能被載入史冊呢？也許能，也許不能，一切都是兩說。但他在日後成為一個偉大學者時，所做出的成就，以及受到後人的那份敬仰，則是多少個大汗都做不到，多少財富都換不來的。在當時，他如果這樣想一想，他的心情會不會好受一些呢？其實，現實也是能夠讓他衡量出好壞的，如果說，政變對於他來說只是一場政治的話，他也許會默不作聲地離去，躲開那個事非場。但是，他對親人的感情卻在這場政變中受到了極大的傷害，這種妻弒夫的事，讓他無論如何都無法接受，但這些人都是自己的親人，因此他對他們的感情便變得複雜起來。

無奈，他只能選擇離開。

二、走遍了突厥人的所有村莊和草原

離開，拋棄富貴榮華，換取一份人身的平安。當他悄悄從烏帕爾上路時，喀什城內被殺害的那些人流出的血已經凝為血塊，一陣風吹過來，落下的一層沙便將血跡悄悄掩蓋了。此時，他所有與這個王朝有關的愛與恨，都如同那層塵沙下的血跡，經由著人世的無奈而永不見天日。走。離開這個傷心的地方，去幹一件實實在在的事情。但是幹什麼呢？此時，他的心裡只有一個模模糊糊的想法——寫書。他仔細考慮了一下，終於，在傷感和複雜的思緒中，像是有一道亮光穿透過來，讓一個清晰的思路湧上心頭——寫一部有關突厥語系的書。以前，他曾在伊黎河谷和中亞的七河地區、錫爾河流域做過一些考察，他敏感地意識到，突厥語在語言文字、文學藝術、生活百科等方面正在阿拉伯化，許多東西正在流失。他想把突厥語記錄的一些珍貴東西收集起來，彙編成書，以留給後人學習使用。

他加快腳步向前走去。天才的作為往往都是由一瞬間的想法所決定的，所以，天才和天才的作品都帶有極大的偶然性。這個王子，由苦難而得福，一點一點地蛻變成了一個天才。命運的造化真是了不得，它帶領一個人走向一個方向，無論你怎樣痛苦，怎麼掙扎，都無濟於事，必須得按照它的設想進行，事後回頭一看，嘿，一切都恰如其分，似乎老天爺派這個人到人世間就是來幹這件事的。所以，我們說命運不可改變，但命運對我們的恩澤同樣也不可缺少。

這時候，在他身後的喀什噶爾，那位陰毒的王妃已把她的兒子扶上了王位，這些對他來說已經不重要了，重要的是，在中亞以及更遙遠的地方，突厥語正在日漸被阿拉伯化，他要伸出挽救的雙手，把部族的瑰寶拯救回來。

為了更細緻地考察，他做了一個詳細的行走路線，首先翻越帕米爾。帕米爾是喀什噶爾以西的一座高原，其上群峰爭雄，耀眼的雪山吞吐著大團的雲煙，形成一幅雄渾沉鬱的走向；翻過它就可以到達突厥人生存的地方，那裡有雪山，草原和沙漠。沙漠裡一排排起伏有致的沙丘，如同無聲湧動著的浪花。在這片大沙海裡，間或有大片農田和白楊林，像五彩繽紛的海水，在清爽柔和的風中起伏著，把安然偃臥的村莊呵護得如同熟睡的嬰兒。想到這些，他的心會不會稍微好受一些呢？人生本來就是風雨之中的一葉輕舟，只能任憑風雨吹打，苦苦掙扎，但大自然卻蘊藏著高貴和寧靜，這些東西與人是相通的，只可惜，在平時不被太多的人注意到。

他心中由此掠過了一個欣喜的念頭吧，他想去尋找突厥人從生命裡吟唱出的歌聲，他覺得突厥人的信念和生存方式與大自然有著密不可分的關係，草尖上的一顆露珠，可以讓他們如醉如癡地吟唱；飛上藍天的雄鷹，可以讓他們寄託夢想。他們在生活中留下了很多諺語、歌曲、詩歌、詞條，等等，他要把它們收集起來，納於一書——他就這樣開始了。可以肯定，當他從烏帕爾邁著沉穩的步伐走下來的時候，他挺拔的身影和無畏的膽魄，使那一刻的畫面成為恒久，深深鑲嵌在歷史深處。

他決心為文化出一份力，做一件實實在在的事情。為此，他一頭栽入了民間，不保留絲毫昔日的尊貴，因為他已建立了新的信仰。他沿著自己為自己規定的那條路線一直向西，走過了中亞的七河地區和錫爾河流域。河水滔滔，歲月隨著他頑強邁進的腳步，無不把沉重和艱難降壓於他身上，但他卻如同一匹不知疲倦的馬，在蒼茫之中走遠，一再走遠。

天似穹廬，長路當歌。一種在流亡者身上極其難有的堅韌和對本民族文化無限的癡戀，如同暗夜波濤，輕輕撫摸著他乾渴的心靈和疲憊的身軀。這種追求時時能夠讓他激發起熱情，在內心湧起滾滾滔滔的大潮。他向中亞的文化名城布哈拉、撒馬爾罕、謀爾夫邪內沙布林進發，收集著燦爛的突厥語系文化。一路上，他虛心求教於學問大家，收集了突厥人、土庫曼人、烏吉斯人、處月人、樣磨人和黠戛斯人的各種資料。寫到這裡，我可以想像出他一路行程的身影，無論是清晨還是黃昏，只要遇到一戶突厥人，他都很禮貌地敲開門，與他們交談，從中尋找對自己有用的東西。有時候可能是一句話，有時候可能是對事物的一種稱呼，對器物的一種使用方法，都會使他興奮不已。他認認真真地記錄著，就手頭所擁有的資料，他越來越覺得可以寫一部百科全書了。

正如他後來在書中所寫「我走遍了突厥人的所有村莊和草原」，終於在一〇六七年，他到達了當時的伊斯蘭文化中心巴格達，一位叫托爾坎哈敦的女人給予了他很大的幫助，給他提供了很好的生活和寫作條件。當時的巴格達是蘇丹國的首都，托爾坎哈敦是蘇丹國的王后，但實際上整個蘇丹國權力都掌握在托爾坎哈敦手中。她出身喀喇汗國，所以對從喀什噶爾來的學者們，包括麻赫穆德・喀什噶里在內都很熱情，鼓勵他們在巴格達從事政治和學術活動，一切費用都由她來支付。麻赫穆德・喀什噶里正是在巴格達的兩千個日日夜裡，持燭書寫，把一路搜集的東西重新撰寫。一行行文字從他激動的筆尖湧出，一個個久已流去的突厥詞語在頃刻間復活。他奮筆疾書，汗水一次次打濕稿紙，他為世界之強大，生命之偉岸，以及人和世界構成的如此豐富的生命景象而不能自抑。

此時，他應該為自己的選擇而感到光榮。這一步走得太對了，上帝為他關閉了一扇窗，卻打開了一扇多麼好的門——他人生的苦難鑄就了他人生的輝煌。起初，他是多麼不幸，但他有敢於重新為自己選擇道路的勇氣，有能夠選擇正確道路的智慧，所以，他便從不幸走向大幸，為自己的人生開闢出了一片廣闊的天空。

一〇七四年，他終於寫完了一部用阿拉伯語注釋突厥語詞的詞典，他為這本書取名為《突厥語大詞典》，他在引言中說：「突厥語同阿拉伯語如同競賽中的兩匹馬一樣並駕齊驅。」在那一刻他幡然醒悟，世界本來就是停止著的，只有人才能夠走遠，也正因為走遠了的人，世界才隨之豐富起來。

值得一提的是，他在書中第一次提出地球是圓的，一份資料說：

> 在《突厥語大辭典》的地理山川部類中，還附有作者自製的喀喇汗王朝疆域與中亞地理圖，地圖是圓形的，說明作者當時就已清楚人類所居住的地球是圓形的，這一點就很不簡單。作者在地圖的注文中說：「……然後是處月、突騎施、樣磨……回鶻、黨項、契丹等部落。契丹即秦。最後為桃花石，亦即馬秦。」他這是向日出方向從西向東點出了各地區的名稱。他稱華北遼朝為「秦」。而稱中原宋朝為「桃花石」，亦即「馬秦（大秦）」，又稱以喀什噶爾為中心的王朝版圖為「下秦」。

完成了一次馬拉松式寫作的他，手裡捧著一本厚書，心情一定很激動。這是一部「用最優雅的形式和最明確的語言」完成的書，是當時西域和中亞的一部百科全書，是世界上第一部用阿拉伯文編寫的煌煌大作。他懷著極其喜悅的心情將《突厥語大詞典》獻給了當時的阿拔斯王朝的哈里發（國王）奧布林凱西姆・阿布都拉。

消息傳到突厥人中間，他們為有人寫了這樣一本書而奔相走告，向四處傳播的消息中，突厥人說得最多的是書名下面的那一行小字，那是作者的名字：麻赫穆德・喀什噶里。這是一個可以和一部大書相匹配的名字，同時，這個名字也代表著一顆博大的心靈。

三、在戰火中顛簸的書

這本書完成後的兩百多年間，一直存留於蘇丹國宮廷，後來，戰爭使它從宮廷中走了出來，流落到了民間。這是一本來自民間的書，它最終的歸宿應該回到民間去。然而，《突厥語大詞典》從完成到真正印刷成書，卻經過了八百多年的時間，這是已經作古的麻赫穆德・喀什噶里萬萬不會想到的。

也就是在他完成書稿後，他把它獻給了當時任巴格達哈巴發的布林凱西姆・阿布都拉。哈巴發一讀之下萬分欣喜，這是一部多麼好的介紹突厥人的書啊，裡面如同有無數珍奇異寶，讓人愛不釋手。其實，奧布林凱西姆・阿布都拉之所以對這部書產生興趣仍與他作為一個政治家的身份有關，當時突厥人在中亞聲名遠播，而且還闖入過巴格達，這就使得作為阿拉伯帝國統治者的他覺得，通過一部用阿拉伯語注釋的書瞭解突厥人的過去，是很有必要的。也許是出於對文字的喜愛和對一本書的尊重，他以一個帝國的名義向他的人民積極推廣這本書，許多阿拉伯學者手抄了它，並相互傳閱，它細緻而優美，讓人們從中瞭解到了中亞的突厥部族的生存狀況。在這件事上，奧布林凱西姆·阿布都拉做得很英明，雖然突厥人給阿拉伯帝國惹過麻煩，但他卻並不記仇，細緻瞭解一本書所敘述的未知事物，他認為那樣對自己，對自己的國家很有好處。他向他的人民推薦這本書，實際上是給予了這本書極高的地位和尊嚴，從而也使得它在後來一次次的戰亂中並未被毀滅打下了牢固的基礎。

此時的麻赫穆德·喀什噶里已離開巴格達，對身後的熱鬧一概不知，但作為一個寫作者，能夠贏得人們如此喜愛自己的作品，其價值已足以彰顯。然而，這本書也許命中註定要蒙塵於世，不久，巴格達遭受了一場極其殘酷的戰爭，奧布林凱西姆·阿布都拉的王宮也毀於一但，藏書在戰火中全部化成了灰燼。許多知道《突厥語大詞典》的人感到揪心，大火也把那本書毀滅了，麻赫穆德·喀什噶里經過兩千多個日日夜夜一字一行完成的原作，再也看不到了。戰爭結束後，新就位巴格達的哈里發也像許多人一樣為那本書揪心，他讓人在王宮的一廢墟中仔細搜索了一遍，卻沒有一絲它的蹤影。新就位的哈里發想了想，決定向民間公佈一個消息：《突厥語大詞典》被戰火燒毀了！他覺得它本來在巴格達是一本家喻戶曉的書，現在讓每個人都知道這個壞消息，說不定可以從民間找到它的手抄本呢！這位哈里發是個聰明人，懂得文化的價值，在剛剛就位不久便來做這麼一件事，讓人不由得對他心生敬意。

但沒有任何消息，包括哈里發在內，所有的人都失望了。按哈里發的推斷，有許多阿拉伯學者曾傳抄過它，民間應該有它的手抄本才對，只是它的手抄本在哪裡呢？

時間大約過了一百九十年，當人們覺得這本書再也不會出現在人世時，一個意外的消息如同閃電一般照亮了人們的心靈——它又出現了。一位婦女——布林凱西姆・阿布都拉的後代，在已淪為乞丐的悲慘命運中，一直將這部書藏在自己身上，艱難地走到巴格達，要把它獻給當時的哈里發。這是多麼偉大的一位婦女啊，多少個饑寒交迫的日子，是這部書暖熱了她的身心，沒有讓她停下前行的腳步。她的出現，不光帶來了《突厥語大詞典》重現人世的好消息，而且讓人們又想起了她的先祖布林凱西姆・阿布都拉，他儘管失去了王朝，但對一本書的維護和敬仰之心卻永存下來，並激勵著他的後代，即使生活苦不堪言，也要保護一本書，為它的傳世走破雙腳也要走到巴格達。巴格達當時的哈里發非常高興，立即組織學者手抄《突厥語大詞典》。一二六六年，和麻赫穆德・喀什噶里一樣來自喀什噶爾的敘利亞大馬士革學者穆罕默德全文抄錄了《突厥語大詞典》。但事情很快又出現了意外，這部書剛被抄完，一場戰火又燒向巴格達，曾經極盛一時的阿拉伯帝國如一輪夕陽般殞落，《突厥語大詞典》一時又不知去向。

從此，這本書開始了它漫長而又沉寂的沉睡生涯，六百多年的時光一天天過去，它始終藏在一個不為人知的角落，任灰塵一層又一層落下，似乎再也不願意到動盪不安的人世間來了。直到一九一四年的一天，屬於這本書的另一個重要的女人終於喚醒了它，讓它出現在了人們面前。在伊斯坦布爾，這個女人和上次使它出現的那個女人一樣，已無法糊口，但因為她是奧斯曼帝國大臣納吉甫・貝伊的後代，加之又很清楚這個手抄本是自己的十幾代祖輩們秘密收藏下來的，她不能輕易把它賣掉。因此她可能在內心痛苦地徘徊和猶豫了很長時間，最後，眼看自己也要淪為乞丐了，她終於下決心通過書商把它賣給土耳其的貴族——雅爾貝克家族中的阿里・埃米里。她之所以要把它賣給一個貴族，大概有她的考慮，她覺得貴族可以使它傳世。書賣出之後，她的吃飯問題解決了，但她一定很傷心，祖傳的寶貝在自己手裡並沒有保住，她覺得愧對祖輩。但我想，她會不會站在這本書的立場上想一想呢？一本書的使命就是讓更多的人看見它，給更多人帶去知識的滋潤。如果她這樣想一下，她就會卸下心靈上的重負，同時也會為自己做了一件功德無量的事而欣慰吧。後來的事實證明，因為她把《突厥語大詞典》傳世的希望寄託在了阿里・埃米里身上，這本書在後來命運轉好，不但得到了很好的保護，而且經土耳其學者克里斯利・里弗埃特把詞典再度轉抄，交付鉛印。現在，這本書已被翻譯成多種文字，在世界各地被人們捧讀。而她奉獻出的抄本是世界上僅存的唯一抄本，現珍藏於伊斯坦布爾圖書館，它是在詞典纂成一百九十年之後，根據作者的手稿繕就的，也就是說是第一個女人將它挽救出來後的手抄本。

兩個處於人生低谷的女人，先後兩次把手伸進厚厚的塵灰中，把一本書小心翼翼地捧出，拂去上面的塵灰，然後邁著艱難的步伐走向巴格達，讓它重見天日，在人世間大放光彩。只是在這光彩的背面，她們的面容卻隨著時光的流逝變得黯淡無影了。

一本書如此坎坷的命運，對於已經去世多年的麻赫穆德・喀什噶里來說，永遠都不會知道了。

四、遠望的雙眸

麻赫穆德・喀什噶里完成書稿後，就從社會高層隱退，躲到人們視線之外的地方去了。經由自己的人生經歷，他大概很明白在這時候保持一份淡薄心情對自己是有好處的。一〇九二年，他已年近六十，思鄉心切，便回到了喀什噶爾。此時，人們都已經知道了他，但他卻遠遠地避開熱鬧，一個人走到了烏帕爾山上。

站在烏帕爾山上，他能看到什麼呢？大概一切如故，沒有多大的變化吧。在歲月的長河裡，一個人經歷的命運變化，足以使他內心疲憊，感慨良多，但一塊土地卻不會有多大的變化，它仍然保持著平靜，像是在不動聲色地看著一切在時間中發生，又在時間中結束。相比之下，人顯得多麼渺小啊！一個人在這個世界上生存一生，不管你從一個王子變成流亡者，還是從平民變成皇帝，都不會在時間裡留下什麼，一切的一切，最終都將化為浩渺煙塵中的微小顆粒。但麻赫穆德・喀什噶里完成了一本書，為人世留下了點什麼，他應該心裡高興，有一絲欣悅才對。他沉思良久，緩步下山。就像二十多年前一樣，他又在烏帕爾登高望遠，在望定乾坤之後，他又下了一個決心，在毛拉木貝格村開辦一所學館，向人們講授知識，讓智慧之光照徹人們內心，讓每個人都有一份信念。

接下來的幾年時間裡，麻赫穆德・喀什噶里在烏帕爾度過了幸福的晚年生活，他在這裡成為一個教書先生，教了很多學生。麻赫穆德・喀什噶里除了著有《突厥語大詞典》之外，還寫過另一部語言學著作《突厥語語法精義》，可惜已經失傳。在烏帕爾教書的時間裡，他是不是完成了這部書呢？也許，某一天隨著這部書破塵而出，我們便可以得到一個確切的答案。

幾年後，他在烏帕爾去世，人們把他葬在烏帕爾山上，人們用維吾爾語稱這座山為「艾孜熱特毛熱木」，意思是「聖人山」。以後，這座山被稱之為「聖人山」。一個偉大學者的一生結束了，他的一生其實也並不複雜，只有兩件事——一禍，一福——影響了他，讓他蛻變，由原來的王子麻赫穆德・喀什噶里，變成智者麻赫穆德・喀什噶里，這個變化讓他脫下了世俗的外衣，找到了實現自我的價值途徑。一個人一生可以去幹很多事情，但能幹好的，也就一兩件而已，麻赫穆德・喀什噶里就是一個例證。

我去烏帕爾的時候，偉大的智者已經作古九百多年。遠遠地，就看見烏帕爾山腳下聳立著學者的高大塑像，他白鬚飄然，身穿長「裕袢」，右手托著那部不朽的巨著。走近細看，他的面容沉穩冷峻，雙眸遠望前方，似乎正在思考著什麼。感謝雕塑家啊，他們敏感地抓住了智者的特徵——一雙遠望的眸子，無不代表了他所有的故事。而他站立的這個姿勢，也正是對他改變自己人生的一次站立的真實記錄。

麻赫穆德・喀什噶里在烏帕爾的最後幾年時間裡，在課餘時間，他和學生一起栽樹、種花，把四周收拾得生機盎然。現在在他的塑像前，就是那棵已有九百年的「哈衣—哈衣特樹」。我抬頭細看樹枝，居然都是那麼蒼勁；墨綠的樹葉泛開片片陽光，如同有無數雙目光在一瞬間全部睜開，在看著我。隱隱約約，九百年前的朗讀聲又在我耳邊響起，我體會著這種靈異的感覺，彷彿我也是當年的一個學生。哈衣—哈衣特樹旁就是那口「智慧泉」。據說這眼泉也是智者當年親手掘出。此泉如今清水淙淙，向四周泛開一片清涼之氣。泉邊的幾棵白楊樹也長得鬱鬱蔥蔥，有一股非凡的氣勢……在山上的一角，是麻赫穆德・喀什噶里的麻紮（墓地）。麻紮周圍安靜、祥和，不見一絲死亡的氣息。是不是他的生早就超越了死，他智慧的光芒太過於明亮，以致把死亡從本質上都改變了。我想起《突厥人語大詞典》中的那首叫〈亦得勒河水〉的詩：

亦得勒河水滾滾流淌，
拍打著山岩轟隆鳴響，
河岸上積水聚成湖沼，
魚兒和青蛙成群生長。

這不是一首風景詩。它蘊含著讓人久久咀嚼不盡的意味。詩人的浪漫和對的家園的熱戀在幻想中體現得那麼淋漓盡致。同時，這幾句詩也把維吾爾族人懂得向生活要歡樂的心境準確地表達了出來，世界在麻赫穆德・喀什噶里的眼裡變成了兩個世界。智者在另一首詩中寫到：

我的眼淚啊匯成了湖
湖水裡鴨子在嬉遊

智者似乎總要把一切都歸屬於家園。家園的偉大也因了有他的這種堅貞而更加明朗了。

那次是陪中央電視臺的一個攝製組登上烏帕爾的。忙忙亂亂拍了很長時間，快下班了，攝影師還在忙碌。看門的維吾爾族老大爺急了，一把抓住攝影師的手說：「你先從遠處來一個全景，再在聖人腳下來一個仰景，再把房子上面的花紋來幾個特寫，把聖人的頭部來一個固定的鏡頭，不就完了嗎？」他在這裡見多了攝影的人，早已對鏡頭應用熟視無睹，看中央電視臺的攝影師找不到感覺，便把自己的經驗直接了當地告訴了攝影師。導演是位女士，為他的建議驚異得大叫了起來：「我操，太我操了。就按他說的拍！」

我一扭頭，看見了一幅讓人歎為觀止的景象：一隻羊正低頭吃著草，一隻鳥兒落在它角上，鳴叫出好聽的聲音。若是那只羊不動，鳥兒便動，鳥不動，羊便動，這又是一奇了，莫不是智者的靈氣滋潤了千里平疇沃野，養育著一方純樸的生靈？這一刻的情景讓我心中一動，突然想起《突厥語大詞典》中的名句：

你看著我
就是治療我

我渴望能在聖人山上得到一次醫治。我想，我們其實都是不健康的，我們不健康的原因就是因為我們不知道自己病在哪裡。

據說《突厥語大詞典》現在還沒有漢文版，有關方面正在努力。在烏魯木齊參加一個宴會時，碰到一位維吾爾族翻譯家。交談中，得知他正在翻譯《突厥語大詞典》。仔細一問，才知道此項工作頗為艱巨，漢文版的《突厥語大詞典》要面世恐怕還得些時日。我敬他三杯酒，祝這部作品能早日問世。三杯酒喝完，我們倆都有些興奮，便又倒了三個酒，找來一個大杯，合在一起，「怦」的碰了一下，一口氣喝了。喝完，他起身就走。

外面的雪很厚，轉眼間，大雪中沒有了他的身影。

【補記】

此文寫於一九九八年，目前，漢譯《突厥語大詞典》三卷本已由民族出版社出版。

水滸傳

——施耐庵的另一種飲酒方式

一、壓制的創作激情

《水滸傳》是施耐庵在逃亡途中完成的一本書。在古代書籍中，作者的命運和書的內容幾近於接近的情景，數一數二者乃施耐庵之《水滸傳》。施耐庵為寫這部書，經歷了生命危險，甚至差一點被抓去砍頭，虧得他足智多謀，讓自己從危境中脫離了出去。他的這一故事，與《水滸傳》中的諸多情節頗為相似，都讓人駭然驚心。

在二十多歲的時候，施耐庵產生了想寫《水滸傳》的想法，他產生這一想法的原因與當時民間流傳的宋江起義的故事有關。施耐庵聽到這個故事時，它已被民間說唱藝人改成話本和雜劇四處吟唱，話本中說宋江領導的武裝力量有三十六位首領，他們一干人馬在山東和河北等地劫富濟貧，懲惡揚善，讓官府聞風喪膽，不敢接近他們半步。二十多歲的施耐庵對這個故事很感興趣，細心打聽它的來龍去脈，不久便又知道了「石頭孫立」、

「青面獸楊志」、「花和尚魯智深」、「行者武松」等話本名目，這些都為他日後創作《水滸傳》奠定了堅實的基礎。

一個人喜歡什麼，或者寫出什麼，實際上都與自己的心性有關，而一個人的心性則又和他的出身和成長經歷有很大的關係。史載，施耐庵出生於蘇州船家，換句話說也就是湖上打魚人家。元末明初是不好的時代，他自小見到了很多朝廷欺壓百姓的事情，在內心產生出憤懣情緒，並渴望用自己的行動反抗朝廷暴行。但他知道，以實際行動反抗是不可能的，只能用筆去揭示朝廷黑暗，但他只是一個打魚人家的兒子，加之家裡一直強調他的學業，所以他著實沒有能力把內心想法付諸於實際行動。《水滸傳》的第一次創作激情，就這樣在他內心慢慢隱藏了起來。

後來，他又讀到了《宣和遺事》一書，其中涉及宋江故事的內容，更是讓他興奮不已，遂再次下決心要寫宋江的故事。他覺得《宣和遺事》可作為自己創作的一個提綱，自己完全可以以此線索寫下去。這樣一想，他無比高興，覺得一本書已經有了基本的雛形。

此時的施耐庵還是一個寒窗苦讀的書生，他要走的道路，像所有的讀書人一樣都是去考科舉。文而優則仕，這是古代讀書人的榮耀，書讀得好了就可以去當官，光宗耀祖，但這同時又是讀書人的悲哀，在這條狹窄擁擠的道路上，多少人被排擠出去，成了落寞孤寂的鄉間知識分子。所以，那麼多的讀書人便擠破了頭在這條擁擠的小路上掙扎，因為除此之外沒有別的人生進取策略，所以他們便只能如此。施耐庵的運氣在二十九歲那年應該說還不錯，一舉考中了舉人，從年齡上而言，一切似乎都充滿了希望。但他的運氣也就僅此而已了，在第二年赴元大都會試時名落孫山，只把一個失望的身影拖回了家中。

會試落第的舉人，有點不上不下的難堪，但不論怎樣，施耐庵才三十歲，還得咬緊牙關去奮鬥。回家後不久，經朋友推薦，他到山東鄆城任了訓導。在這一段時間內，他聽到了很多梁山泊宋江等好漢們的故事。

> 山分八寨，旗列五方。交情渾似股肱，義氣真同骨肉。斷金亭上，高懸石綠之碑。忠義堂前，特扁金書之額。總兵主將，山東豪傑宋公明。協贊軍權，河北英雄盧俊義……

雖然這是施耐庵在後來寫下的介紹水泊梁山的文字，但實際上與他在鄆城的聽聞是分不開的，有很多類似於梁山一百零八將的細節，都是他與人們的閒聊中聽來的，日後處理一下，便變成了小說故事。

在鄆城的那幾年，施耐庵一下子又有了興趣，足跡遍訪民間，搜集他們反抗朝廷，與官府作鬥爭的事件。梁山好漢們的豪情，以及生死不懼，大碗喝酒，大口吃肉的聚義行為，再一次讓他熱血沸騰，他內心強烈湧動著創作《水滸傳》的激情。從最初產生這一念頭，幾年時間過去，他其實一直下意識地在為寫這部書作準備，現在資料齊全，他又在山東，周遭是業已熟悉的山東風土人情，是到了動筆的時候了。

但施耐庵卻又猶豫了。他猶豫的原因有兩個。其一、當時已有多地的農民起義，此書一經寫出，必撓到朝廷的癢痛之處，會給自己惹來麻煩，所以要慎重行事；其二、自己的仕途不盡如人意，還想通過科舉考進士，所以還是先不要寫一部會給自己惹麻煩的書為好。

前後一衡量，施耐庵覺得當時不是動筆的最佳時機，於是便又專注於苦讀，準備科考。關於《水滸傳》的第二次像洪流一般的創作激情，又被他壓制在了內心。

二、聰明的離開主義

三十五歲那年，苦讀數載的施耐庵終於遂其所願，考中了進士。朝廷一紙令書，他從鄆城調往錢塘（杭州）縣任知縣。按說，他的仕途終於踏上節拍，他只需努力，就一定會有光輝燦爛的前景。但他仍然命運不濟，此時各地的農民起義如雨後春筍般湧出，如朽木將傾的朝廷不但無力統治國事，反而加大了對百姓的欺壓。國已不國，民已不民，他這官還有什麼當頭？而當時的情形是，亂世已如猛虎抬頭，他若還抱企盼之心等待下去，必如一葉飄零被捲入狂風巨浪中。施耐庵無比失望地辭官，回家鄉蘇州去了。他自從中進士後，在錢塘縣只當了兩年的知縣，便無可奈何地為自己的仕途畫上了一個匆忙的句號。

實際上，他之所以如此果決地辭官，與他渴望創作《水滸傳》有很大的關係。亂世已始，不會再有誰找他的麻煩，他可以動筆了。縱觀中國古典名著，有很多都是作者毅然決然為其捨棄自身利益，專注於著述，才使其問世的。施耐庵之於《水滸傳》，便也是此等情景。

施耐庵還走在回蘇州的路上，張士誠、朱元璋等人揭竿而起的消息已廣為傳播。他剛到蘇州不久，張士誠的起義大軍便佔蘇州，蓄意一奪天下。按說，施耐庵應該避開亂世兵伐，尋找一個安靜角落一心一意寫《水滸傳》才是，他辭官的目的不也正在於此嗎？但他在小時候因目睹了太多朝廷欺壓百姓而產生的憤懣情緒在這時卻爆發而出，致使他做出了一個驚人的舉動——投筆從戎，入軍營去給張士誠當幕僚。

如此這般《水滸傳》便又寫不成了。較之於前兩次洶湧的創作激情，這次創作激情因他有辭官之舉，所以到來得既從容而又合理，但他卻出人意料地又將其壓制下去了。他為何如此呢？原因只有一個，他視張士誠的農民武裝力量為水泊梁山宋江們的另一種影子，所以他要深入到張士誠軍隊中，去體驗這些出身底層，因難挨苦難而奮起反抗的農民的精神之痛和內心掙扎。在張士誠軍營中，他親眼目睹了他們炯然不同於任何人的生活和首領們的習性。這些，也為他日後寫《水滸傳》儲備了豐富的素材。

張士誠的起義是成功的，接連取得的勝利既讓他享受到了榮耀，但同時又把他們推上了戰爭的風口浪尖，因為他已經與昔日同為起義，但很快又因分天下而成為敵人的朱元璋狹路相逢了。以張士誠之實力，絕不是朱元璋的對手，但張士誠卻沉浸在勝利的喜悅中無以醒悟，手下將領日益驕逸，已喪失了戰鬥士氣。施耐庵本是一個觀望者，張士誠之成功或失敗，均與他關係不大，但他不忍心看著張士誠淪落，便去勸張士誠應戒驕戒躁，以振軍心士氣為重。張士誠聽不進去，而且對施耐庵產生了反感情緒。無奈，施耐庵不得不藉故離開了張士誠的軍營。離開時，他為張士誠感到惋惜，因為他知道張士誠必敗。

應該說，施耐庵是一個聰明人，他先辭官，後又退役，總是在關鍵時刻抽身而去。他的這種離開主義不但幫他避開了危險，而且還讓他有了清醒的認識，知道什麼該堅持，什麼該放棄。

再回蘇州，施耐庵已了無牽掛，在幽深的小巷中以教書的方式隱居起來，開始動筆寫《水滸傳》。先前幾次洶湧的創作激情，歷經數次生命波折，至此已十分平靜，他可以潛心撰寫《水滸傳》了。

應該說，這是他等了很多年的一本書。他之所以等，實際上是因為浮華在眼前尚未散盡，當他把早年在內心樹立的目標一一追逐，體驗了失落與無奈的折磨之後，他的內心才能得到統一和歸結。人大致都是如此，猶如初秋之際總想留住所有的葉片，待蕭殺的秋風一通猛吹，最後留存的，方為最珍貴，也最能溫暖心靈。所以說，人之一生，也就是不斷喪失，又不斷發現的過程。關鍵的是，就看能否經得起喪失，又會有多少發現。

施耐庵經歷了很多，也放棄了很多，現在，終於迎來了寫一本書的最佳時機。

三、逃亡途中的寫作

施耐庵寫得很順利，先前的準備已讓他擁有了豐富的資料，而且腹稿也已像燒開的水一樣在內心沸騰，現在他只需坐下來，一章一章的寫便是了。在寫作的間隙，他也許會想到張士誠，想到那些浴血奮戰的農民起義軍，他為他們感到惋惜，但以他一人之力，又怎能扭轉時勢呢！所以，他也只能就那樣想一想，複又埋頭寫作。

施耐庵在隱居中的寫作生活安靜從容，而離他不遠的張士誠和朱元璋之爭卻打得不可開交。很快，張士誠便被朱元璋一舉擊潰，朱元璋開始建立他大明王朝的巨廈。這一切，施耐庵都一一悉知，但他覺得與自己無任何瓜葛，加之他的寫作已到了梁山一百零八將正鬧騰得熱鬧的時候，所以他一心只寫水滸，兩耳不聞世事。

但事情很快便發生了變化，朱元璋攻入蘇州後，開始搜捕張士誠的殘餘人員，而且將追隨過張士誠的人也列入了搜捕對象。施耐庵早先當過錢塘知縣，算是有名人物，後辭官成為張士誠的幕僚，從表面上看，他似乎是張士誠的忠實追隨者，所以他的大名赫然在搜捕名冊上，一但抓獲，便立馬砍頭。前面說過，施耐庵是一個聰明人，他聽到朱元璋在搜捕張士誠的殘餘人員時，馬上意識到自己將會有危險，於是便趕緊背著已寫好的書稿，匆忙逃出蘇州，找了一個隱秘的地方，又繼續寫《水滸傳》。他雖然從蘇州順利脫身，但他心理上已經有了陰影，覺得危險隨時會降臨到自己身上，所以他與時間賽跑，想早日完稿。

這一段時間，是他創作的高峰期，梁山人物在他筆下一個比一個生動，故事一個比一個精彩。李逵的粗豪、魯智深的豁達、林冲的隱忍、武松的快意恩仇、阮氏兄弟的忠義、楊志的決絕、燕青的聰明，以及宋江的謹小慎微、高俅的奸詐……等等，都寫得活靈活現。因為施耐庵的寫作依據是宋元話本，所以他極大膽地使用了白話，使得作品通俗易懂，對場景和人物描寫都生動有趣。如燴炙人口的魯智深醉拔楊樹的故事：

> 智深也乘著酒興，都到外面看時，果然綠楊樹上一個老鴉巢。眾人道：「把梯子上去拆了，也得耳根清淨。」李四便道：「我與盤上去，不要梯子。」智深相了一眼，走到樹前，把直裰脫了，用右手向下，把身倒繳著，卻把左手拔住上截，把腰只一趁，將那株綠楊樹帶根拔起。眾潑皮見了，一齊拜倒在地，只叫：「師父非是凡人，正是真羅漢身體，無千萬斤氣力，如何拔得起？」智深道：「打甚鳥緊？明日都看洒家演武使器械。」眾入潑皮當晚各自散了。

施耐庵除了寫一群英雄豪傑外，還寫了一些反面人物，如高俅等人。書中的潘金蓮是一個塑造得很成功的女性人物，她出身卑微，但長大後卻容貌出眾，並因此受盡淩辱。她在社會巨大的漩渦中掙扎，不惜以邪惡手段抗爭和追求個人幸福。雖然她最後被釘上了「淫婦」的恥辱柱，但她真實的人性反應，則讓人覺得她也是一個封建社會的犧牲品。

交頸鴛鴦戲水，並頭鸞鳳穿花。喜孜孜連理生，美甘甘同心帶結。一個將朱唇緊貼，一個將粉臉斜偎。羅襪高挑，肩膀上露兩彎新月，金釵斜墜，枕頭邊堆一朵烏雲。誓海盟山，搏弄得千般旖旎；羞雲怯雨，揉搓的萬種妖嬈。恰恰鶯聲，不離耳畔。津津甜唾，笑吐舌尖。楊柳腰脈脈百濃，櫻桃口微微氣喘。星眼朦朧，細細汗流香百顆；酥胸蕩漾，涓涓露滴牡丹山。直饒匹配春姻諧，真個偷情滋味美。

由此可看出，施耐庵虛構了潘金蓮，但她的生活卻是真實的，他並非只讓她以一個「淫婦」的面孔出現，她身上具備了社會制度、人性反應、命運變化、心靈掙扎、精神疼痛等諸多因素，加之《水滸傳》體現出了反映社會的價值，以及在整體上起到了對人深度逼視的作用，所以，她的存在便具備了諸多合理性。儘管她因為苦苦掙扎而變得不可理喻，同時也因為內心苦悶而在性方面放縱，但她不是單純的淫婦，她在內心承受命運變化時的苦衷，對痛苦折磨的無言忍受，都讓人覺得她的血液是熱的，心靈是激烈的。她在生活中是一個敢為自己要質量的人，但無奈她命運多舛，一步步走下坡路，到最後變得心靈扭曲，人生觀和價值觀均發生偏移，走上了一條淫婦之路，由於她周圍的人太複雜（如西門慶家族），與她對立的人太多（如代表正義的武松等），所以，這條淫婦之路對她來說便也就是不歸路，她必須付出生命的代價，否則，施耐庵的虛構無法收場。

施耐庵邊寫邊把書稿傳入民間，讓人們閱讀。一時間，《水滸傳》被人們爭相傳閱，在民間掀起了一股梁山熱。施耐庵為此感到很高興，自己的努力沒有白費，付出的辛苦終於得到了回報。但沒等他高興幾天，他的大麻煩來了——書稿三傳兩傳，鬼使神差地傳到了朱元璋手裡。朱元璋看過後大怒，覺得施耐庵在書中影射自己，同時又想起施耐庵是曾經漏網的張士誠的殘餘人員，於是便下令：搜捕施耐庵，不抓此人誓不甘休。當時的情形，可能是全國大搜捕施耐庵，縱然他有遁聲匿跡的本領，也一定會把他抓到。

很快，施耐庵便被抓獲，打入了刑部大牢。此時的《水滸傳》還沒有寫完，如果他被砍頭，《水滸傳》就變成了一部殘缺之作。施耐庵創作的激情，為一部書的瘋狂，一下子都被澆上了現實世界的冷水，他該怎麼辦。他實際上只是一介書生，既無政治靠山，又無錢財疏通，所以，這次的麻煩對他來說是一個大麻煩，他的性命也將亡矣。至此，施耐庵大概想起了自己第一次想寫《水滸傳》時的顧慮，這部書因為題材原因，一出現對當政者而言就是一枚炸彈，自己曾猶豫徘徊，但終究還是沒有壓制住自己，去寫了這個敏感的題材，把自己逼上了絕路。

站在後人的角度看，施耐庵身陷牢獄，並非只是因為他去碰了一個敏感的題材，還與他曾是張士誠幕僚的身份有很大關係，他的這一經歷很容易讓朱元璋聯想到他的寫作行為仍是一種反抗，仍在為張士誠出氣，所以便要把他捉了來砍頭。

然而天無絕人之路，不久，施耐庵生命中的一個貴人出現了。此人乃劉伯溫，因賞識施耐庵的才華，決定幫他。劉伯溫設計謀讓施耐庵逃出了牢獄，囑他悄悄去寫，朱元璋在世時不可讓《水滸傳》面世，否則他還會有生命危險。施耐庵拖著沉重的步子走出牢獄，他的學生羅貫中已聞訊在外面等他多時，兩人相對無語，迅速離開。羅貫中也是一位才子，在後來像老師一樣寫出了一部經典作品《三國演義》。他志向遠大，也曾參加過義軍，明代王圻在《稗史彙編》一書中記載他「有志圖王」，但他最終因無法施展才華而無奈退出。他極力幫助施耐庵，一則出於師生之情，二則也有鳴不平的心理。

羅貫中把施耐庵悄悄接到了淮安，讓他隱居起來，從此不再露面。此時，民間仍在流傳《水滸傳》，讀者都渴望能讀到新的故事，但施耐庵卻像神秘遁跡了似的，誰也不知道他去了哪裡。事實上，經歷了生死殊難的施耐庵在這時反而更不甘心了，他把自己一生的唯一目標制定成了一本書──《水滸傳》，所以，他很快便又動筆了。那幾年，在淮安的隱蔽角落，羅貫中一直在照顧他，幫他整理書稿，他憋足勁創作，直至成書。

由於《水滸傳》已在民間廣為流傳，所以整部作品出現後，再未發生什麼危險。

西廂記

——三作者為愛而修改恨

一、三個人寫成的一本書

一部書經歷了三個朝代，前後用了幾百年，經三人之手才被完成，這部書可謂是有福。此等情景，說的是《西廂記》。此三人為元稹、董解元和王實甫，分別生活在唐、金、元朝。三人之間原本沒有什麼親密的關係，但他們卻都把精力投入到了同一本書上，後者在前者的基礎上逐一完善，逐一昇華，使故事越來越動人，語言越來越優美，而且社會影響越來越大，遂使《西廂記》成為一部經典之作。

仔細一想，能夠吸引他們的有四個共同點。

其一，《西廂記》本身具有可延續的必要。大家都知道，《西廂記》實際上講的是愛情故事，如果愛情結局太圓滿，就少了人物命運衝突。於是另一位作者便將人物命運衝突加了進去，使之變得豐富了許多。但光有人物命運的豐富似乎還不夠，還應該有來自社會的衝突，才會使一部作品顯得更寬闊一些。於是就又有了來自社會諸多因素影響下的人的反應和事件延伸。

其二，愛情是永恆的主題，可無窮盡的表達下去。前一位作者寫愛情寫得太甜，後一位作者便要加一點苦澀的東西進去，再後一位作者覺得酸甜苦辣都有了才顯得有味，於是便讓人物戲笑怒罵，悲歡離合，才住了手。

其三，《西廂記》的懸念很多，使劇情一環套一環，不停地出現高潮。於是，便有了後面作者的改寫。像電影「〇〇七」系列一樣，劇情中的「懸念」一方面很能抓人，一方面又留下了可供挖掘的巨大空間，加之《西廂記》隨著時間的推移，已成為人們爭相閱讀的熱書，所以後面的作者願意投入精力，讓自己隨著這部作品出名。

其四，一部作品在不同的時代應該以不同的面貌出現，才可以有時代性。上一個時代的思想觀念和人的情感模式，到了這個時代便不再適合人們的閱讀口味了。同理，這個時代的閱讀口味到了下一個時代便遭受同樣的命運，所以，一部作品的主題便得不停地改。只有經過改，才不至於讓它永遠停留於某一個時代，它也因此可以存活下去。

縱觀以上四點，《西廂記》的命運要比其他書的命運好得多，它既沒有被牽連進政治中，也沒有讓作者為它受傷害，它始終乾乾淨淨，保持著清新典雅的姿態，讓作者用精工富麗的文字一點一點打磨自己，最終成為一部經典。

二、元稹的自傳之囿

有的書是明著寫出來的，如司馬遷的《史記》、班固的《漢書》，他們在寫作的過程中就已經備受人們關注，所以他們的書從某種程度上而言帶有明顯的時代特色。而有的書是暗著寫出來的，如《西廂記》，前前後後三位作者都是自由創作，走筆行文完全遵從個人喜好，甚至還可以把自己寫出來。他們寫作時從不張揚，所以沒有人知道他們在寫什麼。等到作品出現時，人們才知道了他們的創作過程。

《西廂記》的第一位作者是元稹。元稹其人，想必大家都清楚，他是唐朝的著名詩人，曾與白居易一起發起過新樂府運動，提出「文章合為時而著，歌詩合為事而作」的口號，並用實際行動付諸於實施。他的一生極其豐富多彩，大起時曾入相出將，大落時曾遠謫邊邑。他為人處事時沒有精神操守，比如他平時十分憎惡那些專權的宦官，但一涉及個人利益時又和他們打成一片，做了一些讓後人所不齒的事情。

人常說，性格決定命運。但在元稹這裡，大概要改為：原則決定文章。他是大才，這一點誰也不敢否認。在長詩〈連昌宮詞〉中，他將史實、想像和虛構揉為一體，探討唐朝安史之亂前後的政治動盪，使這首詩成為傑作，並把他與白居易發起的新樂府運動推向了高潮。他最有名的是那首〈離思〉：「曾經滄海難為水，除卻巫山不是雲。取次花叢懶回顧，半緣修道半緣君。」但就是這樣一位大才子，忽一日靈感來了，要根據自己的經歷寫一部傳奇小說《鶯鶯傳》（即後來的《西廂記》）時，因個人原則問題，讓這部作品的起點很底，以至於有強扭道德之嫌。

解讀《鶯鶯傳》，或瞭解《西廂記》的書故事，元稹個人的親身經歷是一個好線索，只需順著一頭一直向另一頭捋下去，便可以知道元稹為何那樣寫的原因。元稹自小喪父，家境貧寒，母親含辛茹苦將他拉扯大。他長大後因詩文出名，用如今的話說是著名作家。但他卻嚮往奢華的生活，渴望能像王權貴族一樣輕裘肥馬，酒色財氣。他與表妹崔氏在少時相戀，後又成為夫妻，但他為了討好裴尚書，以期在仕途上有所發展，便把崔氏拋棄，娶了裴尚書的女兒。過了多年，他和崔氏均已成家，再見面時，他怕崔氏道出以前的事影響他的仕途，便要求她以外兄妹身份稱呼，崔氏惱怒，遂拒絕他的要求。

元稹的行為確實有悖倫理道德，讓人覺得他是一個讓人生厭的人。但他是《西廂記》的第一位作者，而有關這本書的故事，也就從該書比較低的起點開始了。縱觀《西廂記》的全部命運，元稹的原則問題只是影響到了它的內容，但卻沒有影響到它的誕生。元稹要寫，就讓他寫吧，他寫得不好的地方，後面有兩個人會改。最重要的是，它的第一版本就像一個嬰幼兒一樣，必須經元稹的手分娩，以後的路，有待於這個「孩子」自己去走。

元稹虛構的《鶯鶯傳》是這樣的：張生寄居於山西蒲州的普救寺，有崔氏婦攜女兒鶯鶯回長安，途經蒲州，亦寓於該寺，遇兵亂，崔氏富有，惶恐無托，幸張生與蒲將杜確有交誼，得其保護，崔氏遂免於難。為酬謝張生，設宴時讓女兒鶯鶯出見，張生為之動情。得丫鬟紅娘之助，兩人幽會。後張生去長安，數月返蒲，又居數月，再去長安應試，不中，遂棄鶯鶯，後男婚女嫁。某次，張生再經崔氏住所，要求以表兄禮節相見，被鶯鶯拒絕，並賦詩二章寄意。

也許元稹是個好詩人，在詩歌方面表現不俗，但他的小說卻不如他的詩有境界，尤其是這裡的虛構弱了一些，基本上沒有擺脫他個人的親身經歷。不知他寫作時是否考慮過讀者會對號入座，反正後人談及《西廂記》的第一版本，都不約而同的會提他的親身經歷，覺得他筆下的「張生」就是他，對他多有不齒之嫌。

今天，我們可以從元稹的版本中找到張生拋棄鶯鶯的原因，但元稹的交代卻更不能讓人接受。我們知道，張生和鶯鶯共寢匡床，逍遙姿縱，是發生了性關係的。但元稹和鶯鶯做愛後穿上衣服下了床，卻說鶯鶯是罕見的「尤物」，「不妖其身，必妖於人」，甚至「余之德不足以勝妖孽」，所以他才「忍情」將她棄捨。在小說中，元稹把自己原原本本搬了進去，讓虛構的張生也像自己一樣做了一個始亂終棄的無情無義之徒。

小說寫壞了，元稹也許沒有覺察到什麼，還黑白顛倒，辯解張生是個「善補過者」。本來有愛情在勉強支撐著他的小說，他這樣將張生辯解為「補過」，那麼鶯鶯就有了「自獻之羞」，於是乎，這部小說的美便被醜遮掩了。

元稹把自己寫進了小說中，這是《西廂記》的第一個書故事。這個故事在很多作家身上都多少多少出現過，只不過大多數人都把容易引起讀者對號入座的東西化解了，但善寫詩而不善寫小說的元稹卻似乎沒有這個能力，或者說他沒有這方面的意識，所以便把自己原原本本寫進了小說中。

自己的小說好與不好，元稹寫完之後再沒有管過。但出人意料的是，這部小說卻一下子火了，成了流行作品。大多數書因為有離奇的內容，才有了書故事，《鶯鶯傳》倒是個意外。有時候也許會有這樣一種情況，書本不離奇，卻因面世後發生了一些意想不到的書故事，於是書便也受到了關注。

關於《鶯鶯傳》為何在當時引起許多人的注意，並給後面的作者起到了深遠影響，大概與元稹寫了愛情有關。也就是說，張生醜，但鶯鶯美；張生齷齪，但鶯鶯美麗可愛，人們都喜歡鶯鶯，看《鶯鶯傳》大概也是在看鶯鶯。關於這一點，魯迅先生在《中國小說史略》中有十分準確的說法：「雖文章尚非上乘，而時有情致，固亦可觀，惟篇末文過飾非，遂墮惡趣。」他還說：「其事之震撼文林，為力甚大。」也就是說，《鶯鶯傳》在當時出現是一個很大的事件，也許以前沒人這樣寫愛情，現在有人寫了，當然要看。

看書，很多時候大概就看一些完全出於個人喜好的地方，讀者是有這個權利的。人們都被小說中的鶯鶯吸引過去了，覺得她是一個十分獨特的女子。元稹是這樣寫鶯鶯的：「藝必窮極，而貌若不知；言則敏辯，而寡於酬對。待張之意甚厚，然未嘗以詞繼之。時愁怨幽邃，恒若不識，喜慍之容，亦罕形見。」鶯鶯這樣生動，怎能不吸引人。由此可見，《鶯鶯傳》是一個在廣義上失敗，但在局部上成功的作品。

一時間，《鶯鶯傳》流傳甚廣。

關於《西廂記》第一個版本的故事，就這樣像一縷火苗一樣，慢慢升騰而起了。

三、董解元之改

當《鶯鶯傳》故事流傳了四百年左右，到了金代的時候，又一位大才子董解元的心為這本書激起了漣漪。他幾經閱讀，又幾經思索，總覺得《鶯鶯傳》不盡未然，遂投筆改寫，讓這本書以一個新的名字《西廂記諸宮調》問世了。後人將他這一版本的《西廂記》稱為「董西廂」。一本書被不同的作者改寫，足可見該書著實是有些魅力的。

董解元是金代寫諸宮調的著名作家，但他卻名不詳，人們之所以用「解元」二字稱呼他，是因為金元時代對讀書人均用此二字敬稱。他沒名字，索性便完全代替。他身上有典型的藝術家特徵，不但狂放不羈，而且一向都蔑視禮教。他對諸宮調情有獨鍾，其《西廂記諸官調》洋洋灑灑數萬言，可謂是長篇巨製，也是中國諸宮調中唯一的完整作品。

一本書少不了作者的思想和情感，但同時也少不了藝術形式。《西廂記》因不同的作者而日益飽滿，同時也因不同的藝術形式而逐漸豐富。說起來，「諸宮調」其實是北宋的一種說唱藝術，由若干曲牌構成「套」，再把許多「套」連接起來，插入一些對白，就那樣邊說邊唱完成一個長篇故事。

董解元把握「諸宮調」的功力自然不在話下，此不贅。更重要的是，他的審視目光很尖銳，覺得元稹寫《鶯鶯傳》失敗在張生的性格上，也就是說，元稹虛構的張生太壞，美得驚豔的鶯鶯怎能那般死心塌地地愛他呢？如要映襯出鶯鶯的美，就必須要讓張生也變得好一些，這樣才可以讓他們的愛情更動人，讓讀者品味到幾分更真實的愛情滋味。不知當時有沒有「真善美」一說，反正董解元是很有膽識的，他要完成一次驚人的藝術實踐，要讓《鶯鶯傳》經自己的手改寫之後具備巨大的說服力。

鶯鶯已經很美，不用再改寫了，董解元想主要改寫張生的形象。於是乎，張生由原來的那個從女人身上爬起來便不認賬的無賴變成了英俊瀟灑、摯誠癡情、樂觀而又才華橫溢的男子。一時間，陽光照耀這位後生，他的卑鄙靈魂像霧一樣散盡，代之而來的是他「情種」之花的綻開，張生有了新的形象，故事有了新的進展。

這樣的張生，才配與鶯鶯相愛。明確了這一主題，董解元大概在內心湧起了強烈的創作衝動。接下來，為了讓張生和鶯鶯愛得更深，更動人一些，甚至在悲劇因素下突顯愛情精神，董解元大膽地讓拆散他們的婚姻，在《鶯鶯傳》中未露面的幕後人物——老夫人，浮出了水面。董解元心一狠，把她定位成罪魁禍首，並推到前臺，讓她徹頭徹尾變成一個背信棄義、破壞張生和鶯鶯愛情的人。從這裡開始，張生和鶯鶯至死不渝地愛，老夫人百折不撓地破壞，如此改寫，使一部作品的故事更好讀，在很大程度上提高了其思想和社會意義。

當然，董解元仍進一步完善了鶯鶯的性格特色，讓她在情感方面更含蓄，在思想方面更深沉，在人生立場上更叛逆，在對愛情的選擇方式上更熾烈決絕。鮮花旁必有綠葉，董解元還虛構了聰明的紅娘，讓她為張生和鶯鶯穿針引線，成二人之美。也許董解元這樣虛構還不夠，便又虛構出了一個見義勇為的法聰和尚。這些正面人物都圍在張生和鶯鶯周圍，使他們的愛情更顯至純至美之色彩。

董解元的虛構能力很強，他讓張生和鶯鶯身上綻放出正義的光芒，為此，他虛構了一系列新的情節，如賴婚、鬧簡、賴簡、拷紅、長亭等，把元稹筆下的淒婉愛情改寫得動人了很多。在董解元這裡，鶯鶯和張生始終追求真摯的感情。他們最初是彼此對才貌的傾心，經過一系列事件，他們的感情也隨之更加豐富，最後，張生和鶯鶯不顧老夫人封建頑固之阻，二人私奔投靠白馬將軍，在白馬將軍的保護下終於喜結良緣。

董解元的語言功力頗好，如寫張生思念鶯鶯時的句子：「待不尋思，怎奈心腸軟，告天，天不應，奈何天。」、「沒一個日頭兒心放閒，沒一個時辰兒不掛念，沒一個夜兒不夢見。」、「碧天涯幾縷兒殘霞，漸聽得瑺瑺地昏鐘兒打，鐘聲漸罷，又戍樓寒角奏『梅花』」「過雨櫻桃血滿枝，弄色的奇花紅間紫，垂柳已成絲。對許多好景，觸目是斷腸詩。」如此動人的語言，讓人相信，若愛情豔麗脫俗，人間美妙話語便盡在其中。

自董解元開始，《鶯鶯傳》便更名為《西廂記》，人們習慣稱其為「董西廂」。一部好看的愛情作品被越來越多的人喜愛。

四、王實甫之定稿

到了元代，又有一個叫王實甫的人把目光盯在了「董西廂」上。世間的事有時會在不同的時間出現相同的境遇，王實甫也像董解元一樣對《西廂記》幾經閱讀，幾經思索，最後也覺得董西廂不盡未然，產生了要改寫的想法。他產生這一想法的原因是他覺得「董西廂」在表現手法上有些粗糙，其愛情觀尚欠純至。於是，他在「董西廂」的基礎上把崔張故事改成了雜劇，今人看到的《西廂記》，便是他的最後定稿。

此時的《西廂記》很好看，是一部完整的作品。其內容如下：

> 前朝崔相國死了，夫人鄭氏攜小女崔鶯鶯，送丈夫靈柩回河北安平安葬，途中因故受阻，暫住河中府普救寺。這崔鶯鶯年方十九歲，針指女工，詩詞書算，無所不能。
>
> 小姐與紅娘到殿外玩耍，碰巧遇到書生張生。張生本是西洛人，是禮部尚書之子，父母雙亡，家境貧寒。他隻身一人赴京城趕考，路過此地，忽然想起他的八拜之交杜確就在蒲關，於是住了下來。聽狀元店裡的小二哥說，這裡有座普救寺，是則天皇后香火院，景致很美，三教九流，過者無不瞻仰。

這張生見到鶯鶯容貌俊俏，讚歎道：「十年不識君王面，始信嬋娟解誤人。」為能多見上幾面，便與侍中方丈借宿，他便住進西廂房。

一日，崔老夫人為亡夫做道場，這崔老夫妻人治家很嚴，道場內外沒有一個男子出入，張生硬著頭皮溜進去。這時齋供道場都完備好了，該夫人和小姐進香了，以報答父親的養育之恩。張生想：「小姐是一女子，尚有報父母之心；小生湖海飄零數年，自父母下世之後，並不曾有一陌紙錢相報。」

張生從和尚那知道鶯鶯小姐每夜都到花園內燒香。夜深人靜，月朗風清，僧眾都睡著了，張生來到後花園內，偷看小姐燒香。隨即吟詩一首：「月色溶溶夜，花陰寂寂春；如何臨皓魄，不見月中人？」鶯鶯也隨即和了一首：「蘭閨久寂寞，無事度芳春；料得行吟者，應憐長歎人。」張生夜夜苦讀，感動了小姐崔鶯鶯，她對張生即生愛慕之情。

叛將孫飛虎聽說崔鶯鶯有「傾國傾城之容，西子太真之顏」。便率領五千人馬，將普救寺層層圍住，限老夫人三日之內交出鶯鶯做他的「壓寨夫人」，大家束手無策。這崔鶯鶯倒是位剛烈女子，她寧可死了，也不願被那賊人搶了去。危急之中夫人聲言：「不管是什麼人，只要能殺退賊軍，掃蕩妖氛，就將小姐許配給他。」張生的八拜之交杜確，乃武狀元，任征西大元帥，統領十萬大軍，鎮守蒲關。張生先用緩兵之計，穩住孫飛虎，然後寫了一封書信給杜確，讓他派兵前來，打退孫飛虎。惠明和尚下山去送信，三日後，杜確的救兵到了，打退孫飛虎。

崔老夫人在酬謝席上以鶯鶯以許配鄭恒為由，讓張生與崔鶯鶯結拜為兄妹，並厚贈金帛，讓張生另擇佳偶，這使張生和鶯鶯都很痛苦。看到這些，丫鬟紅娘安排他們相會。夜晚張生彈琴向鶯鶯表白自己的相思之苦，鶯鶯也向張生傾吐愛慕之情。

自那日聽琴之後，多日不見鶯鶯，張生害了相思病，趁紅娘探病之機，托她捎信給鶯鶯，鶯鶯回信約張生月下相會。夜晚，小姐鶯鶯在後花園彈琴，張生聽到琴聲，攀上牆頭一看，是鶯鶯在彈琴。急欲與小姐相見，便翻牆而入，鶯鶯見他翻牆而入，反怪他行為下流，發誓再不見他，致使張生病情愈發嚴重。鶯鶯借探病為名，到張生房中與他幽會。

老夫人看鶯鶯這些日子神情恍惚，言語不清，行為古怪，便懷疑他與張生有越軌行為。於是叫來紅娘逼問，紅娘無奈，只得如實說來。紅娘向老夫人替小姐和張生求情，並說這不是張生、小姐和紅娘的罪過，而是老夫人的過錯，老夫人不該言而不信，讓張生與小姐兄妹相稱。

老夫人無奈，告訴張生如果想娶鶯鶯小姐，必須進京趕考取得功名方可。鶯鶯小姐在十裡長亭擺下筵席為張生送行，她再三叮囑張生休要「停妻再娶妻」，休要「一春魚雁無消息」。長亭送別後，張生行至草橋店，夢中與鶯鶯相會，醒來不勝惆悵。

張生考得狀元，寫信向鶯鶯報喜。這時鄭恒又一次來到普救寺，捏造謊言說張生已被衛尚書招為東床佳婿。於是崔夫人再次將小姐許給鄭恒，並決定擇吉日完婚。恰巧成親之日，張生以河中府尹的身份歸來，征西大元帥杜確也來祝賀。真相大白，鄭恒羞愧難言，含恨自盡，張生與鶯鶯終成眷屬。

順著人們的習慣叫法，出自王實甫的《西廂記》便是「王西廂」了。將「王西廂」與「董西廂」相比，就會發現「王西廂」的故事更豐富，其思想觀點更鮮明，而且因為增加了曲文和賓白，對一些不合理的情節進行了大膽地剔除，使藝術水平上了一個更高的臺階。王實甫如此一舉，一下子使自己變成了元代的著名劇作家，同代劇作家賈仲明在《淩波仙》稱：「新雜劇，舊傳奇，《西廂記》天下奪魁。」

「願天下有情人終成了眷屬」這句王實甫在《西廂記》中說過的話，在今天讀來仍讓人內心欣然。

牡丹亭

——湯顯祖懂愛但不會愛

一、饑渴而水竭

一個人開始寫作時，便與書有了直接關係。而在寫之前所做的準備工作，雖然與書是間接關係，但卻必不可少。此等情景，猶如十月懷胎，終有一日要分娩。有時候，一個人的氣質形成，或對自己思想和精神的堅持，也會悄然孕育一本書。也就是說，一個人的思想和精神的成熟，在有些時候實際上已經到了可以付諸於文字表達，或著書立說的境地，只不過就看他是寫還是不寫了。

湯顯祖之於《牡丹亭》，實際上就是他個人思想和精神的自然表達。忽一日，本來一心走仕途的他覺得自己的人生失敗之極，除了先前寫過幾個東西外，幾乎一事無成。他想了想，便下定決心要用餘生搞文學創作。此決心一下，猶如天邊立刻顯現彩虹，他的人生頓時被廊出一條輝煌的道路。

實際上，湯顯祖是很有才華的，只不過年輕的時候心思不在文學上。他二十一歲的時候，像大多數年輕人一樣躊躇滿志，一心要出人頭地。這一年，他中了舉人，可謂是真的出人頭地了。但接下來他卻走得極其不順，他脾氣不好，加之不肯攀附權貴，惹得可以掌控他命運的人不高興，便一直在會試中拿不上進士。直到那人死了，他才考中進士。之後，他在幾十年的仕途中任過幾個官職，卻總是因看不慣官場上的黑暗而出言不慎，連連遭受排擠，有一次還差一點捲入政治事件中。

湯顯祖之所以如此憤世，實際上與他對政治的渴望，以及他對自己從政的目標設想有關。也就是說，他想當有作為，有益於民眾的官。但他卻似乎不懂得人際關係，也不會在官場上玩權術。所以，他便不合群，便一直不如意。

萬曆年，湯顯祖目睹到江南民眾受水患之疾苦，而賑災官員卻仍然在貪污，於是便寫了《論輔臣科臣疏》，但卻不見效果，於是他又寫，直指張居正、申時行兩任宰輔的過錯。這下子可熱鬧了，他嚴峻的言辭，讓朝野上下震驚。當然，他在最後還是因告別人的狀被貶為廣東聞縣的一個小小的典史。像大河中的樹葉一樣，他幾經沉浮，在後來又升任知縣。但這時他已年邁，再也打不起精神去與人爭強鬥勝，去謀官攀職了。

人生至此，他覺得好沒意思。他大概痛苦了幾天，便抑制著內心的酸楚和憂傷，把官辭掉，返回鄉去。隨著他移動著孤單的身影一步步接近故鄉，他內心的想法便逐漸透明——晚年歸故里，遂去寫作。也就是在這時，流傳於後世的經典《牡丹亭》已經像慢慢燒開的水一樣，在他內心翻滾出了灼熱。

這樣，他的步子就輕鬆了許多。

二、另一個世界的美滋味

湯顯祖比蒲松齡早了一百多年，從命運上而言，兩人都屬於想當官卻都當不好官的人；從文學上而言，兩人都鍾情鬼故事，筆下的人物都在陰陽兩界上自由行走，而且還為情所動，大談戀愛，把本不存在的人鬼情演繹得激情蕩漾。他倆之所以都這樣寫，大概都與不盡人意的人生有關。看來，人之失落，首先是出於對這個世界失望，繼而對信仰和理想失望，於是便幻想另一個本不存在的世界，滿足自己在這個世界無法滿足的願望，感受自己在這個世界無法感受的滋味。

湯顯祖回到故鄉後，開始修改先前寫了一半的戲劇《紫簫記》。當官時，這部戲寫到中間因政務繁忙不得不擱下，但他一直心儀寫作時的那種快樂，總覺得那才是人生的大福。此次返鄉，他很快將它修改完畢，起名為《紫釵記》。隨後，湯顯祖就開始寫《牡丹亭》了。

在這之前，湯顯祖一直在關注話本小說《杜麗娘慕色還魂記》，但他覺得僅有杜麗娘的故事是不夠的，於是便把流傳在江西南安大庾的女魂戀人故事又加入了進去，讓杜麗娘和柳夢梅超越時空限制，並且超凡脫俗，把全部的生命都消耗在一段離奇的愛情際遇中。有了這樣的思路，湯顯祖塑造人物，以及運用唱詞和道白等藝術手法時，便顯得新穎獨特，讓人深為戲中人物的愛情感動。

毋庸置疑，《牡丹亭》是一部虛構作品。其劇情大致如此：太守杜寶的女兒杜麗娘私自遊園，做一夢，在夢中與一名叫柳夢梅的書生幽會，因難捺情慾衝動，遂與其極盡魚水之歡。夢醒後，她幽懷難遣，為自己深囿於深宅而抑鬱，不久便一命嗚呼。家人將她埋在後花園，立一墓碑。書生柳夢梅上京赴考時路過那個花園，拾得杜麗娘生前的一幅自畫像，久觀生情，遂與杜麗娘的陰魂相會。杜麗娘為終於等到他而欣喜，於是指點他挖開自己的棺木，隨即起死回生，結為夫妻。後來，柳夢梅考中了壯元，杜麗娘的父親拒不承認這樁離奇的人鬼婚姻。無奈之下，柳夢梅求助皇帝裁決，終得以和杜麗娘團圓。

在《牡丹亭》的開場白中，他寫道：「白日消磨斷腸句，世間只有情難訴。」看來他動筆之初，多多少少有些為自己的這部「人鬼情」之作擔憂，他怕萬一世人不認可，自己忌不是白折騰了。況且，自己這麼一大把年紀了，折騰有悖於常規的人鬼情，有可能還會遭人戳脊樑骨。猶豫過後，他還是下決心要寫。因為他要表達的那種忠貞赤熱的愛情，已經像燒開的水一樣在他內心沸騰了。

起死回生是這部戲的高潮，人死了，似乎還沒有愛夠，所以湯顯祖便讓她又活過來，又愛一次。應該說，湯顯祖寫得很過癮，以至於在寫作過程中連他自己也禁不住為杜麗娘和柳夢梅的愛情感動。得意之中，他在《牡丹亭題詞》中說「情不知所起，一往而深。生可以死，死可以生。生而不可與死，死而不能複生者，皆非情之至也。」這幾句話是什麼意思呢？他是在強調愛情劇的最高境界：「愛情沒有任何理由，只要愛上，要多深有多深；愛情可以不去同生死，但活著的人為了愛情可以去死，死了的人為了愛情可以再活回來。」他認為，凡是為愛死了活不過來的人，雖然感人，但卻不是愛情戲劇的最高境界。

在《牡丹亭》的結尾處，他又說：「唱盡新詞歡不見，數聲啼鳥上花枝。」美美的過了一把愛情癮，所以寫完之後，他內心喜悅，吟詠良久。但很快，他便面臨嚴峻的考驗。由於他劇本的曲詞不合規律，其腔和板絕難以分辨，而且襯詞和襯句顯得湊插乖舛，許多人覺得《牡丹亭》唱起來會拗折人的嗓子，根本不適合用昆山腔演唱。當時的著名演員王怡庵甚至公開批評《牡丹亭》，他說：「疊下數十餘閒字，著一二正字，作（怎）麼度？」（見張大復：《梅花草堂筆談》）

這就麻煩了，湯顯祖勞心費神寫出的一部戲，難道是個非驢非馬的東西？俗話說，樹是有根的，水是有源的。湯顯祖之所以那樣寫，與他個人的偏好有很大關係。湯顯祖是江西臨川人，喜歡把宜黃腔、樂平腔、弋陽腔等地方腔調加入到戲中，於是便就給演員給了一個難題，他們覺得他這東西太隨意，如果跟著他的戲腔唱，會讓觀眾覺得演員跑調了。演員不願意冒險。不知道那時候是否講求作品的社會影響力，反正，因這麼一爭論，《牡丹亭》反而引起了廣泛關注。一部作品遭遇了始料不及的命運變化，這是湯顯祖未曾預料到的，一時間，他火了。也就是從這時開始，《牡丹亭》在人也間有了頗為離奇的命運故事。

一部作品被爭論時，其實就已經附帶了爭論者要強加於它之上的意見。《牡丹亭》被爭論來爭論去，最後便出現了沈璟、馮夢龍、呂天成、臧懋循、碩園等人的改編本，其中有不少地方是為了方便昆劇演唱和一般人能夠理而進行改編的。好東西一定要好得大家都認可，這樣才可稱為藝術。《牡丹亭》絕對是好東西，但湯顯祖太形而上了，所以大家覺得應該適當來一點形而下，這樣就有觀眾了。

湯顯祖一定為《牡丹亭》的遭遇感到心疼，但一部作品有它的命運，作者一但把它寫完放出去，便是嫁出去的女兒潑出去的水，就由不得作者本人了。後來，湯顯祖在給宜伶和羅章二人的信中說：「《牡丹亭記》要依我原本，其呂等改的切不可從，雖是增減一二字以便俗唱，卻與我原作的意趣大不同了。」

爭也罷，改也罷，一部戲就那樣雅俗參半，被越來越多的人議論，也被越來越多的人喜歡，慢慢地，《牡丹亭》成了那個時代的「現代戲」，被普遍觀眾所接受。那些爭論像霧一樣散去，《牡丹亭》中的無限傷感，無限情懷，以及淒美的意趣和幽默的色彩，每一個場景交織的沉鬱的怨恨和悲涼的情調，深深吸引了觀眾。這才是愛情，想看動人的愛情戲，就去看《牡丹亭》吧。一時間，《牡丹亭》又掀起一次高潮。

高潮起了，好評也就來了。如明代文人呂天成在《曲品》一書中評論湯顯祖「絕代奇才，冠世博學」。他還說：「原非學力所及，洵是天資不凡。」他之意，湯顯祖之成功，並非他勤奮，皆因他有過人的天分。

靠自身魅力，《牡丹亭》一點一點地挽救了自己的命運。

三、癡讀而亡

戲是臺上唱的，書是人在家裡看的。後來，湯顯祖的《牡丹亭》經過版刊印行，以書的形式問世，而且很快就暢銷起來，以至於「家傳戶誦，幾令《西廂》減價」。好書不會被淹沒，《牡丹亭》一時間成了很多人，尤其是青年女子的青睞物。那時的女子大多二門不邁，大門不出，若手頭有一本《牡丹亭》這樣的書，豈不是看得津津有味。

作為一本書，《牡丹亭》也就是從這時開始有了離奇的書故事。

關於《牡丹亭》的書故事頗多，在這裡僅舉三個女子讀此書把自己讀死的故事。一本書可以讓讀者在閱讀時把自己讀死，足可見這本書有多麼了不得。且看這三個故事：

（一）金鳳鈿

金鳳鈿是江蘇揚州女子，想必一定很美。有一天，他得到一本《牡丹亭》，起初是無意間打開的，只想消磨無聊的時光，因為他待字閨中的時光總是寂寞和沉悶。不料一讀之下便被深深吸引了進去，以至於茶飯不顧，「讀而成癡」。她也許沒有愛過，所以讀到杜麗娘那樣的愛情，便想像著像她一樣去愛。

金鳳鈿沉湎到《牡丹亭》中不能自拔，要麼日夜展卷，吟誦不輟；要麼把書抱在胸前，幻想著寫這本的人是何等模樣。她還想，他能把愛情寫得這麼感人，那他一定是一個很會愛的男人，他的生活一定很幸福，日子一定過得很有滋味。這樣一想，麻煩來了——金鳳鈿愛上了湯顯祖。愛情不能沒有寄託，金鳳鈿按捺不住內心湧動的熱流，給湯顯祖寫了一封情深意且的書信，傾訴了自己對《牡丹亭》的喜愛之程度，並大膽坦言「願為才子婦」。信寫好後，她迫不及待地發出去了，但因諸多意外因素，那封信在路上卻輾轉耽擱，過了很久才到了湯顯祖手裡。而這時，她已不幸逝別人世。在這之前，她苦苦盼望著湯顯祖能給她一個回音，但每天都望眼落空。她唯靠閱讀《牡丹亭》度日，書中內容使她的心靈燃燒，而她的身體卻在極具消耗，越來越沒有力氣，直至一命嗚呼。

彌留之際，金鳳鈿知道自己沒希望了。人生如燈火將滅，她在那一刻想到的，大概是此生所享受的最大快樂就是讀到了《牡丹亭》。於是她留下遺願，求親人葬她時在身旁放一本《牡丹亭》。

這些事都是湯顯祖在後來才知道的，他為一個未曾謀面的女子對自己的書，以及對自己的情很是感動，特意趕到揚州，用一月之久的時間，親自把金鳳鈿的後事一一料理完畢。

（二）俞二娘

俞二娘是江蘇太倉女子，也是一讀《牡丹亭》便被深深吸引了進去。關於俞二娘的情況，明人張大復在《梅花草堂筆談》裡有一段記錄：「婁江女子俞二娘，秀慧能文詞，未有所適。酷嗜《牡丹亭》傳奇，蠅頭細字，批註其側。幽思苦韻，有痛於本詞者……」

我們由此得知，俞二娘是一個很有才華，而且容貌過人的美女，但卻沒有機會展示才華，或者說，她很為自己沒有戀愛過而失落。她不明白，以自己這等容貌，怎麼就沒有人愛上自己呢?!讀到《牡丹亭》，她一下子就喜歡上了這本書，內心深為其情節感動，忍不住拿起蠅頭小楷，在劇本的頁角間作了許多批註。如「書以達意，古來作者，多不盡意而止，如『生不可死，死不可生，皆非情之至』，斯真達意之作矣！」

接著往下看，俞二娘看到了杜麗娘的淒苦，便覺得自己的命運和杜麗娘一樣不如意，頓時心生悲情。俞二娘看書，是一個能進去卻出不來的人。她把杜麗娘的悲苦當成了自己命運的影子，腦子裡只有《牡丹亭》中最悲慘的結局，從來都不想好的一面，以致一直鬱鬱寡歡，不能好好的生活。

後來，俞二娘做了一些離奇的夢，因為受《牡丹亭》影響，她把夢當成了真的，她說：「吾每喜睡，睡必有夢，夢則耳目未經涉者皆能及之。杜女固先我著鞭耶！」她雖然人生不如意，但有了這樣心理重壓，恐怕會有不測。不久，她便因「斷腸而死」。那一年，她實際上正值花季，才十七歲。她是真正的為一本書而死的女人。臨死時，纖手無力地垂下，一本書從手中滑落在地，親人一看，是《牡丹亭》的初版戲本，而且上面「飽研丹砂，密圈旁注，往往自寫所見，出人意表」。

湯顯祖又一次為《牡丹亭》的一位忠實粉絲而感動，但她像金鳳鈿一樣，待他知道她們的詳情時，她們卻都已撒手人寰，讓他內心無比酸楚。他細細看過俞二娘批註過的《牡丹亭》，揮筆寫下〈哭婁江女子二首〉：

畫燭搖金閣，
真珠泣繡窗。
如何傷此曲，
偏只在婁江！

何自為情死？
悲傷必有神。
一時文字業，
天下有心人。

（三）商小玲

商小玲是杭州女藝人，長相和演技都頗好，可謂色藝俱佳。她演《牡丹亭》中的杜麗娘時，尤其動情感人。在西子湖畔，她是出了名的角兒。

戲演得好，一定是領會了《牡丹亭》之要義，把自己當成了劇中人物，才可以將情感把握得分寸到位。商小玲把自己當成劇中人物，本無可厚非，因為這是演員必須要做到的。但後來卻出現了意想不到的事情，她演著演著，把不能與意中人結合的個人遭遇聯想到了劇中的杜麗娘身上，杜麗娘的愛情最終是大團圓，而她卻很無望。於是她鬱鬱寡歡，終致成病。

雖然病了，但她還在演。每次演《牡丹亭》中「驚夢」、「尋夢」幾折戲時，她都因劇情而觸景生情，不一會兒便泣不成聲。也難怪，「驚夢」是何等讓人心儀的情景：麗娘在春香鼓動下，背著爹娘去後花園遊賞春天的美景，只見園中百花盛開，姹紫嫣紅，美好的景色引起了她的春情。麗娘於園中小憩。睡夢中見一書生持柳枝請她題詩，牡丹亭畔，芍藥欄前，緊靠湖山石邊，杜麗娘與秀才柳夢梅兩情繾綣，雲纏雨綿。而「尋夢」是一折比較淒涼的戲。其時杜麗娘憶起夢中歡會，尋思輾轉，竟一夜無眠。一天，她背著春香去後花園尋夢中景物，欲見亭臺淒涼，花草冷落，杳無人跡，心中無限感傷。

前一折太熱，後一折太冷。她由於傾注了全身心，而且把自己當成了戲中的杜麗娘，所以她一會兒在火中，一會兒又置身冰窟，她如何經得起折騰。

戲是一把鹽，只要商小玲唱，便撒在她傷口上了。一天，她又演到了「尋夢」那一折，唱到「待打並香魂一片，陰雨梅天，守的個梅根相見」時，一時竟悲痛得內心撕裂，叫都未叫一聲便倒在了臺上。旁邊的春香扮演者過去一看，她已經氣絕人亡。

四、情最難告人

關於書故事，《牡丹亭》可謂最多，從史書中稍一梳理，便可以捋出一長串有關這本書的故事。書的故事少不了人，因此人也就變成了書故事的一部分，甚至人的命運也在影響著書的命運，讓一本書因為人而顛沛流離。當然，更多的人還是與書建立並長久維持著比較慰貼的關係。人安安靜靜地讀書，在書中的世界漫步，時間久了，便對自己所處的現實世界淡泊了許多。

好書有時候也會害人。上面提到的三個讀《牡丹亭》把自己讀死的女子，實在有些太過於悲慘，但究其原因，是因為她們三人太外在，動不動便電閃雷鳴一般把自己搭進一本書中，悲悲切切，然後便那樣死了，讓人為她們感到戰慄。當然，從《牡丹亭》普遍的讀者來說，大多數人是不會把自己讀死的，也許他們懂得讀書講究內在，越是喜歡一本書，越是要安靜從容地閱讀，然後在內心慢慢消化。

但不久，在黃山腳下又出現了一個叫陳同的因讀書而病死的女子。因了《牡丹亭》的廣泛影響，她像那個時代的大多數年輕女子一樣，喜歡《牡丹亭》中的愛情。她先讀書，後看戲，遂成一個《牡丹亭》迷。也許她有不俗的文學功底或戲劇修養，在看完《牡丹亭》之後，便開始地校對、改正不同版本的《牡丹亭》。一天，她發現嫂子閱讀的《牡丹亭》是由湯顯祖本人擁有的書坊發行的，是一個權威版本。於是，她從嫂子手中要走那本書，在冊頁的空白處草寫下了一些頗具禪式頓悟色彩的評語。

後來，陳同病了，但卻放不下《牡丹亭》，仍熬夜癡讀。她母親擔心這本書影響了她的健康，遂將她她所有的書籍燒毀，包括她珍藏的《牡丹亭》中的第二卷。陳同的乳母是個善良的女人，在點火時悄悄將陳同枕函中的一卷藏下。那一卷便是《牡丹亭》中的第一卷。書被燒毀，陳同的悲憤交加，於結婚前的晚上死了。陳同下葬後，她的乳母將藏下來的那部書賣給了其未婚夫吳人。

吳人是一位在杭州小有名氣詩人，看到陳同為「白日消磨腸斷句，世間只有情難訴。」的眉批：「情不獨兒女也，惟兒女之情最難告人，故千古忘情人必於此處看破，然看破而至於相負，則又不及情矣。」深為陳同的才華感慨，同時也為自己不能與她成為夫妻而傷心。對第二部分消失在爐火中感到非常惋惜。

不久，吳人迎娶了另一位妻子談則，談則是清溪的才女，她也喜歡《牡丹亭》。談則翻看陳同的評注，很快便掌握了陳同的風格，並將《牡丹亭》第二部評注完畢，然後把自己和陳同的評注合併抄在了一個原版《牡丹亭》的頁邊。

談則很低調，她侄女要借這個本子時，她假稱其上的評論是吳人所作。她侄女將那個本子帶到私塾，塾師看過後，深為其上的評注而欽佩。他對外一講，吳人評注《牡丹亭》的事便馬上在杭州的文學圈中傳開了。不得已，吳人對外坦白，評注《牡丹亭》的真正作者是未成婚的首任妻子陳同和現任妻子談則。

不知為何，但凡喜歡《牡丹亭》的女子，命運都不怎麼好。吳人與談則結婚才三年，談則便也死了。吳人很傷心，直至過了十幾年，才第三次結婚。這次的新娘名為錢宜，是一位才情更佳的才女。她知道了吳人兩任妻子和《牡丹亭》的事後，用一個通宵閱讀完了《牡丹亭》及她們的評注。

第二天，錢宜便開始補書中缺失的批註，補齊後，建議丈夫刻版和印刷由這本女性批註的《牡丹亭》，她對丈夫說：「宜昔聞小青旨，有《牡丹亭》評跋，後人不得見，見冷雨幽窗詩，淒其欲絕。今陳阿姊已逸其半，談阿姊續之，以夫子故，掩其名久矣。苟不表而傳之，夜臺有知，得無秋水燕泥之感，宜願賣金釧為鍥板資。」

三個妻子前前後後幹了一件大事，丈夫當然得支持。於是，以三個女人的名義，在一六九四年出版了《吳吳山三婦合評牡丹亭還魂記》。錢宜為了這本書的出版，將她的珠寶變賣成錢，全當作刻版和印刷經費。

錢宜也是一位才女，僅從她頗有新意的批註上便可領略到她的風采。如陳同批註過的「白日消磨腸斷句，世間只有情難訴。」她的補充批註則是：「兒女英雄同一情也，項羽帳中之飲，兩喚奈何，正是難訴處。」她引經據典，說得合情合理。

為情所動，也許在女人身上最為強烈。所以，關於《牡丹亭》的書故事中，才有了這麼多女人。

永樂大典

——大書之大，但苦役也駭然

一、最大的書

《永樂大典》是中國最大的書。大到什麼程度呢？且看與其相關的一些數字：由2,177人編纂，共22,937卷，11,095冊，3.7億字。我們可以想像得出，這麼大的一部書，只能由官方組織，投入大量人力財力才可完成。不錯，這部大書確實是由明成祖朱棣親自佈置，組成當時最龐大的隊伍完成的。相比較其他書而言，《永樂大典》是有福氣的，因為編纂它的隊伍的規模之龐大，在當時是空前的。正是基於此，有關《永樂大典》的書故事，也便更加豐富。

朱棣在歷史上給人留下的印象是一個暴君，一生暴虐成性，被他濫殺的人更是無以計數。但他卻喜歡文化，並通曉歷史。所以，他才親自佈置兩千多人編纂、修改完成了《永樂大典》。在編書這件事上，他是有功勞的，足以讓人高看他一眼。

在今天，我們可以把朱棣編書之舉動，看成是他長久積蓄於內心的一個夢想。眾所周知，他與叔叔（即建文帝）爭鬥了三年之後，終於攻破京都南京，致使建文帝下落不明，變成歷史上的千古之謎。他不管那麼多，該登基便登基，該讓自己君臨天下便君臨天下。他是六月登基的，於七月便下令組建人員編纂《永樂大典》。可以說，編書是他登基後幹的第一件大事。

我們從他給解縉等人的詔諭中可得知，他對如何編書之方案早已熟爛於心。詔諭中有一段話是這樣的：

> 天下古今事物，散載諸書，篇帙浩穰，不易檢閱。朕欲悉采各書所載事物類聚之，而統之以韻。庶幾考察之便，如探囊取物爾。嘗觀《韻府》、《回溪》二書，事雖有統，而採摘不廣，記載太略。爾等其如朕意，凡書契以來，經、史、子、集百家之書，至於天文、地志、陰陽醫蔔、僧道、技藝之言，各輯為一書，毋厭浩繁。

從這段話中可以看出，要完成此書，有三點須把握好。一、內容要豐富龐大，把自有書以來所有的書都要輯錄進去；二、依照《韻府》《回溪》二書之分類法，把所有事物輯錄進來；三、以分韻劃分法把全書篇名分韻排列，以便使用檢索方便。

解縉等人不敢怠慢，全力以赴投入了編纂之中。也許是因為編纂隊伍龐大，他們用了一年零四個月時間，按照朱棣意圖，編纂完了這部書。據史載，此次參加編纂的人數是一百四十七人，至於史書上所說的兩千多人，則是後來修改時的人數。儘管如此，僅一百四十七人用一年零四個月時間完成如此一部大書，其工作之艱辛，以及克服當時的艱辛，和付諸於一部書的精神，著實讓人驚訝。

這樣一部書，除了將朱棣所提的將所有經、史、子、集等百家之書，所有天文、地志、陰陽醫卜、僧道、技藝等都輯錄進來外，還將自上延伸到先秦，自下截止到明初的所有書都收錄其內，可謂是一部煌煌百科全書。

也許是朱棣疏忽，在佈置這項工作之前，他未定書名，現在書編好了，沒名字怎麼能行呢？於是，他便為這部書起名為《永樂大成》。

但當朱棣把《永樂大成》翻看完畢後，發現全書還沒有達到他的設想。儘管如此，他仍然覺得捧書在手有沉甸甸的感覺。畢竟，初稿之規模已有七八成之成效，接下來重修即可符合他意願。喜悅的心情沒有讓他發作那慣以發作的暴戾脾氣，而是興高采烈地下達了重修的命令。

這次重修的隊伍才是大規模的，除瞭解縉外，另有助朱棣登基的姚廣孝等人進行監修。而且分工也更明確，有正總載五人，副總載二十人，纂修三百四十人，催纂五人，編寫三百三十二人，看樣五十七人，謄寫一千三百八十一人，續送教授十人，辦事官吏二十人，共兩千一百七十七人。這次似乎不用急著趕速度了，所有編纂者都明白，成祖朱棣要的是質量而非速度，所以一定要一次修好。他們認真細緻地修了三年時間，終於使之臻於完美，可以交稿了。

朱棣仔細看過後，十分滿意這項浩大的工程，親自動手寫了一篇序言，並將書名改為《永樂大典》。之所以這樣改，是因為「永樂」為他登基年號，有紀念之意，而用「大典」二字，在他看來該書之規模已達到了自古以來典籍之最。定稿後，抄書者又用了一年多時間，將《永樂大典》謄抄完畢，完成了正本。然後，分裝成冊，藏於南京文淵閣的東閣。

至此，《永樂大典》成了大明王朝的國書。

二、火的威脅

《永樂大典》修改後，以兩種方式存在。其一，原稿；其二，正本。

原稿的價值在於珍藏，而正本的價值在於使用。古時尚無印刷，所以一本書往往僅存於原稿和正本，許多文人所作的書如此，皇家編纂的書也無法脫離此模式。《永樂大典》以原稿和正本兩種形式存放於文淵閣，一般人是無論如何看不到的，它變成了皇家專用公具書。

朱棣是一個快節奏的人，編書一事完畢，就馬上張羅另一件大事——遷都。他將北京選擇成了大明王朝的新都，為此，他下令大興土木，在北京建宮殿。當然，遷都是一件浩大的工程，為完成這一夙願，他用了十四年時間，將大明王朝的中心遷移到了北京。

也許書籍搬遷起來有諸多不便，加之南京文淵閣已成為當時的國書院，所以，《永樂大典》的原稿仍留在了南京文淵閣，而正本則隨遷都一起到了北京，藏於文樓。從此，這本書的原稿和正本便迎來了各自坎坷的命運，永生不得相見。

明朝中期，南京文淵閣莫名其妙的燒起了一把火，火勢之兇猛，讓人無法近前。後來，大火還是被撲滅了，但有幾處卻已被徹底燒毀，只剩下一堆堆殘骸和白灰。人們這才想起，《永樂大典》原稿存放處也在被徹底燒毀的這幾個地方之中。一時間，人們驚慌失措，那可是國寶呀，卻被這場大火燒了個一乾二淨。原稿在大火中化為灰燼，就只剩下正本了。一本書由此便變得更為珍貴了。

過了一百多年，大明王朝到了朱世宗執政時期。世宗沿襲了朱家喜愛文化的風範，也是一個愛讀書的人。他把《永樂大典》正本從文樓中調到案頭，一有閒暇時間便翻閱。正是因為他喜歡這部書，所以才使該書在一場大火中倖免於難，完完整整地留存於世了。他在位的一年，皇宮的奉天門、三大殿和午門不知何故燃起一場大火。天黑後，沖天的火焰像一隻大手一樣將這三個地方握捏其中，很快就要使其一一化為灰燼。

世宗皇帝知道這三個地方著火的消息後，腦子裡的第一反應就是搶救《永樂大典》。他立刻下達諭旨，全力以赴救出《永樂大典》，不能讓它毀於大火。《永樂大典》原稿已毀於南京的一場大火，所以他很清楚其正本存在的重大意義。如果正本也被大火燒毀，那將無以彌補。諭旨傳出後，久久不見消息，世宗著急了，於是又下了第二道諭旨：別的地方可以先不救，但一定要救出《永樂大典》。時間越長，他便越擔心《永樂大典》的安危，所以便下了第二道諭旨。也許人們都忙於救火，忘了給世宗回話。所以第二道諭旨發出很長時間了，世宗仍得不到確切的消息。他心頭掠過一絲陰影，感到事態有些不妙。於是他又下了第三道諭旨：所有的地方都可以先停下，集中力量先救出《永樂大典》。

連接三道諭旨，忙於救火的人們才想起應該給世宗回話。於是，一個準確的消息很快便傳到了世宗那裡——《永樂大典》已被及時救出，全書安然無恙，無一缺失。世宗這才鬆了一口氣。

也許，火是《永樂大典》的剋星，第一次讓原稿變成了一堆灰燼，第二次又差一點重蹈覆轍。好在搶救及時，才沒有讓它也變成一堆灰燼。

其實，一書僅存一部，其自身便很危險。世宗想了想，便決定讓人重抄一部，以防再遇不側，留下無法補救的遺憾。為此，他將徐階、高拱、張居正等人召集在一起，命他們三人為監督，帶領由一百零九人組成的抄書隊伍開始抄《永樂大典》。一部大書，抄起來也是一件費力的事情。徐階、高拱、張居正三人嚴格監督，讓抄書生按《永樂大典》的原格式抄寫，一人一天只能抄三頁，然後再彙總校對。這樣一項工作用了六年時間才宣告結束。《永樂大典》副本由此問世，而世宗在這之前已離開了人世。人們耽於對他的懷念，更加珍惜《永樂大典》副本。

大火之浩劫雖然讓人害怕，但卻讓《永樂大典》變得愈加珍貴，副本完成後，被放置在了皇史石室內。此皇史石室的四周皆為石牆，就連門也是由整塊石板做成的。裝《永樂大典》副本的箱子外包銅皮，既防水，也防火，可謂水火不俱。

有了副本，《永樂大典》一時間又變得安全了。

三、解縉之死

似乎有一個規律，歷史上但凡參與官方修書的人，其命運都不怎麼好，大多數甚至為寫書或在寫完書之後丟掉了性命。我們在今天仔細想一下，便可捋出在歷史上頻頻出現這一規律的原因——一個人參與官方修書，實際上已進入到了政治中，他手中的筆，以及他所撰文字，已不屬於他個人。所以，他一但把握不好，便在政治方面載跟頭，把性命也搭進去。主編纂《永樂大典》原稿的解縉就落了這樣一個下場。

解縉是一個大才子，在五歲時就可以出口成詩，所作對聯更是絕妙堪虞。十八歲那年，他在江西鄉試取得了舉人第一名的好成績，第二年又以優異的成績中了進士。接受朱棣編纂《永樂大典》任務的那一年，他任翰林院侍讀一職，官職雖然不大，但卻證明了他在文化方面的優勢。在歷史上，人們只要一提起《永樂大典》，便必然要提解縉。他過人的才華成就了《永樂大典》，而反過來說，《永樂大典》之巨大光芒也提升了他的生命價值。

然而，他像撰《後漢書》的范曄一樣，眼裡揉不得半點沙子，但凡有看不順眼的事情，什麼話都敢說，什麼人都敢攻擊。明太祖朱元璋在位時，他因不滿朱元璋政令無度，殺人太多而上方言書，惹得朱元璋很不高興。後來他父親來京，朱元璋對他父親說：「大器晚成，若以爾子歸，益令進學，後十年來，大用未晚也。」朱元璋找了一個讓他陪父還鄉的藉口，把他免職打發回老家了。

直到朱棣要組織人編書了，他才有了出頭之日，可以發揮自己的才幹了。編纂完《永樂大典》，他便閒了下來。要是換了別人，居編纂之功，在餘生看看書，寫點東西，便是一種很不錯的生活。但解縉卻不願意那樣，他那剛直率真的性格再次影響了他的命運。他本不在當時的政治格局中，卻對政治很感興趣，在朱棣猶豫立三個兒子中哪一個為太子的關鍵時刻，他建議立高熾為太子，得罪了朱棣的另一位兒子高煦。不久，高煦以「洩禁中語」（洩露禁中議立太子之事）之罪進諫朱棣，把他貶到了廣西。這一年，他其實才剛剛編纂完《永樂大典》。

也許解縉想在政治上有一番發展，後來他與高熾走得太近，被高煦又抓住了把柄，向朱棣進言，說他私見太子有圖謀不軌之心。朱棣一生氣，便下令把他抓來打入了大獄。解縉的命不好，一入獄便碰上了在當時以殘暴著稱的錦衣衛指揮使紀綱。此人有一奢好，以折磨犯人為樂。解縉被紀綱折磨得七死八活，無法再忍受酷刑，便屈打成招，招認了本來就沒有的「無人臣禮」之罪，並把與他關係要好的八、九名大巨扯連了大獄，並致使五人後來病死於獄中。

後來，朱棣知道解縉還活著，對他的反感之意頓時像沸騰的水一樣翻升，對紀綱說：「解縉花耶？」紀綱領會了朱棣的意思，返回獄中讓人用酒把解縉灌醉，然後把他拖入冰天雪地中，在身上埋上一層又一層積雪，致使他被凍死。

這一年，解縉四十七歲，《永樂大典》正越來越受到人們的關注，而他的死卻悄無聲息，鮮為人知。

四、正副本之失佚

一部大書，其價值已無可比擬，本應完好無損的被保存下來才對。然而，《永樂大典》正副本的命運都不好，在浩渺的歷史煙塵中像一個無家可歸的孩子一樣，幾經掙扎，幾經陷落，最終便消失了身影。

先說正本之失佚。前面說過，世宗讓人重抄了《永樂大典》，即該書的副本，存放於水火不懼的皇史石室內，甚為安全。然而，在副本得到了完善保存後，正本卻神秘莫測的消失了。它是在什麼時候，如何消失的，至今無人能給予定論。

因為它消失得太過於神秘，已成歷史千古之謎，所以便有了種種猜測。

其一，毀於明末的一場大火。李自成攻入北京，明亡。但不久，李自成又受吳三桂和清兵夾擊，不得不撤出北京。臨走時，他下令放了一把火，《永樂大典》正本便毀於此。

其二，毀於嘉慶二年（一七九七年）的一場大火。那一年，乾清宮著一場大火，存放於該宮中的《永樂大典》正本毀於這場大火之中。

其三，嘉靖皇帝歿後，《永樂大典》正本作為陪葬品被埋入了地底下。

……

說法太多，而且各自均有離奇之處，讓人無法相信哪一個更可靠。在今天看來，太多的說法反而證明《永樂大典》正本之失佚變成了一個更大的謎。

再說副本之失佚。

副本自完成後，一直存放於皇史石室內，像稀世之寶一樣紋絲不動，一直到了清雍正時期才動了一下，被移到了翰林院的一個叫「敬一亭」的地方存藏。誰也沒有想到，這一動讓它像一片飄落進河水的樹葉一樣，從此開始了顛簸起伏的命運。

因為它名氣太大，所以其不薄的價值便吸引了一些人的眼球。先是翰林院的管書人員監守自盜，偷偷把一些副本拿了出去。到了乾隆時期因編纂《四庫全書》所需去參考副本時，發現已有一千餘冊，計兩千四百二十二卷不知去向。這些副本到了外邊或被私人收藏，或被倒賣，再也無法收回了。

有的東西因保存完整而突顯價值，有的東西因屢屢被偷而價值飛升。《永樂大典》副本因流失在外太多，所以人人都知道它有價值，都想弄幾冊收藏。到了嘉慶、道光時期，許多官員都把目光盯上了這本書，他們或借、或偷、或買，致使該副本有近萬冊流失在外，有的甚至被洋人買走，到了海外。翰林院的管書人員一看這本書如此值錢，便也動了心思，每天下班時偷偷在衣服內裹一冊帶回家，然後賣出去。

八國聯軍攻入北京後，大肆劫掠，並放火燒了翰林院，有一部分副本頓時化為灰燼，另有一部分被他們「以代磚，支墊軍用器物」。（《清季野史第一編·都門識小錄》）八國聯軍也許不知道這本書的重要性，便用來當磚頭墊東西。經過如此一場浩劫，《永樂大典》副本幾乎像散失於世的浮塵一般，再也無法聚集一起了。

一部書，因為它太大，所以當它遭受厄運時，便像失去重心四處破裂的高大框架，破裂成無數細小的碎塊，繼而又散落在不為人知的幽暗角落。

據統計，該書副本目前存世僅四百餘冊，是它全部的百分之四。這些散冊分別存放於中國國家圖書館，臺北故宮博物院，俄羅斯科學院。將這些散冊影印出版，在目前仍是一件無法實現的願望。

相對於它煌煌大觀之原貌，這四百餘冊已屬永殘之品。

西遊記
——吳承恩暮年的頑皮

一、辭官賣文

似乎古代有一個慣常的現象，很多人一開始都是想走仕途的，在仕途走不通，或在官場上吃了虧和摔了跟頭後，便發憤去寫書。這些人當官都當得微乎其微，但一寫書反而無心插柳柳成蔭，成了大文學家或思想家。仔細一想，這其實與中國古代的體制有很大的關係，很多人都以「文而優則仕」作為人生目標，書讀得好，便一定要去當官。官當不好了，便又回頭去寫書，等於繞了一個大圈子又回到了原地。多少年來，這些文人們就這樣你方唱罷我登場，寫出了一部部經典名著。

也許可以這樣說，中國古代的大多經典名著，其實都是作者在苦難遭遇和人生失落時，其悲憤被激發成了另一種創作激情，想通過文學藝術創作證明自己價值的行為。文人們的遭遇大多都與社會詬病有關，從某種程度上而言，他們心中的傷與痛其實也社會陰影最大的折射，所以，他們在文學作品中大膽地影射和反諷自己所處的時代，使作品有了深刻的思想性。他們也許在心裡想，以往我為官時說你幾句，你便不樂意，現在我不為官了，在書裡罵你，你能拿我如何？還有一種情況，文人們因為對自己的人生已徹底失望，所以就沒有了任何功利和政治企圖，完全放開筆揮灑自如地寫作，反而寫出了一些意想不到的佳作。吳承恩的《西遊記》就是一個典型的例子。

吳承恩出生於淮安府山陽（今江蘇淮安市），自小就是一個聰明的孩子，大人們教他背詩，他很快便能背得滾瓜爛熟。別的孩子還在田野地畦間玩耍，他卻早早地入了學，而業學習成績頗為突出，一時名滿鄉里。一個孩子能如此出眾，可謂是少年得志，幾乎所有的人都看好他，認為他將來一定會有大作為。但孰料他長大之後的境況卻很出乎人意料之外，本來天資過人的他在科舉考試中卻屢不得意，一次又一次落榜，讓大好青春年華隨無情的考試而一一化為無奈的空白。

有人勸他別考了，回家種地養家糊口吧！但他不願意放棄，一次次又踏進了考場。他之所以如此堅持，目的只有一個，即通過科考出仕。但他實在命運不濟，直到中年以後才補為歲貢生。歲貢生是個小官，加之他已人到中年，所以他時時為自己的人生失意而悲歎——如此基礎，縱然自己使出九牛二虎之力，又能好到哪裡去呢？這樣的心情之中，他的官便當得很沒滋味，慢慢產生了隱退的想法。

不久，他果然辭掉官職，上街賣文去了。在辭官之前，他一定做過一番比較，而最後又之所以選擇上街賣文，無外乎說明他的那個歲貢生之職著實不怎麼樣，所得俸祿恐怕還不如賣文得來的錢多，所以他毅然辭掉官職，抱著一疊字文上街擺地攤去了。但賣文也只能掙幾個小錢，一家人靠他如此所得又怎能被養活呢？更要命的是，他還清高，遇不到賞識他才華的人居然不賣。如此這般他的賣文生意便又做得一般了，賣文換來的幾個小錢僅能養家糊口，日子過得緊巴巴的。

就這樣過著貧窮的日子，一晃，吳承恩到了六十多歲。這個年齡的人實際上已經是一個老人了，但他仍一事無成，每天站在大街上賣文。一天下來，若賣出幾幅，他便興高采烈地回家去，若賣不了一幅，他便在夕陽下拖著疲憊的身影往回走，內心頗為失落。

二、一部書始於一個偶然的念頭

一日，他又拿了幾幅字上街去賣。站在街頭，久無人問津，那種孤獨的滋味對於一個中年男人來說一定不好受。後來終於有人問他的字了，但他卻咬定一個價不與那人講價，而且因覺得把自己的字討價還價遭受了污辱，對那人發怒。那人眉頭緊皺，頗為不解地離去。他亦不解，我怎能將字放在街頭任人品頭論足？他一生氣，索性不賣了，卷起字怏怏回家。

往回家走的路上，他想起了唐朝高僧玄奘西行的故事在民間已被改變成了唐僧西天取經，孫悟空等人一路隨行的神話故事，並廣為流傳。按說，唐僧西天取經的原型就是唐朝西行去天竺拜求佛學知識的玄奘，人們因為覺得他在西域經歷了很多離奇的事情，便把他虛構成了神話傳說中的唐僧，同時還虛構了很多與他相關的東西。比如把他的那匹「健而知道」的赤馬說成了白龍馬，他在西行途中曾得到過胡人石磐陀的幫助，而人們虛構的唐僧身邊有三個忠心耿耿的追隨者——悟空、八戒和沙僧。他們在西天取經路上各顯神通，使唐僧一次次化險為夷，最後功能圓滿。

他突然產生了把這些神話故事寫成一本書的想法，而且要把孫悟空大鬧天宮放在書的前面，讓一切都因孫猴子如此一鬧而活潑起來。

他產生這樣的想法其實有兩個原因：一、他在年輕時就十分喜歡「西遊」故事，曾產生過寫一本書的想法，無奈他連年參加科考，為背那些老舊的辭文而頭昏腦脹，無暇好好思考一下寫作。現在有時間了，他就可以專著於一部書的寫作了；二、他一直受囿於當時社會的禁錮，心中十分鬱悶，所以他要借助神話展開一個打破常規，完全自由的世界。當然，這樣的世界只有存在於天地之間的神仙尚可勝任。

因為有了這個想法，他感到多年來一直睹在心頭的鬱悶一下子全部消失了，代之而來的是興奮和按捺不住的喜悅。民間傳說已經很豐富了，人們用口頭方式傳說著唐僧西天取經時經歷了很多次磨難，吳承恩覺得如果用分章的方法把唐僧的每次磨難一一寫出，就是一部小說的基本線索。而唐僧西行的地域風情，無疑會給這部小說增色不少，會把人們帶入有別於中原的怪誕異趣之中去。

這樣想著，他十分興奮，腳步也一下子變得輕鬆了起來。

三、苦求素材

由於唐僧西天取經的故事在民間已廣為流傳，加之吳承恩博學多才，先前在筆下多寫有野史奇聞和志怪小說，所以寫一部神話小說應該不成問題。但他是一個嚴謹的人，素材準備得不充分，絕不輕易動筆。

他聽說《永樂大典》中收錄了有人在元末明初寫的話本《西遊記》，同時還收錄了元代雜劇《唐三藏西天取經》等好幾本講述「西遊」的書籍。眾所周知，《永樂大典》乃中國的一部真正的大書，將明朝之前的古代書籍幾乎全部收集一空，而且經過了嚴格的勘校，所以有關「西遊」的書籍一定詳實可靠，如果擁有這些資料，吳承恩的寫作一定會順利得多。

吳承恩決定去南都（南京）借《永樂大典》一閱。但很快他得到了一個不好的消息，《永樂大典》乃大明王朝開國皇帝朱棣親自佈置完成的一部書，其原稿存於南都國子監中，其正本隨朱棣遷都時一起到了北京。因其為國書，一般人是無法借閱的。吳承恩一下子感到一睹無法逾越的高牆攔在了自己面前，如果看不到這些資料，自己將無法完成《西遊記》，最後的結局仍將是可憐巴巴地站在寒風中去賣字。他心有不甘，偶然想起在南都任官的舊友沈伯生時，立刻決定去找他，請他幫忙通融一下國子監，好借出《永樂大典》中有關「西遊」的書籍一閱。本來，他自辭官後便不再與官場上的人來往，一心一意只想過一介布衣的簡單生活，但現在為了一本書，他不得不又投身於官場的遊戲規則中，去找他通融關卡，以求一閱。

說起來，吳承恩真是不容易，他雖然下了去南京求人的決心，但卻因囊中羞澀而無法啟程。沒辦法，這個在內心交織著衝動和悲哀的老人只好向鄰居和親戚借錢，好不容易湊足了盤纏，才出門去南京找沈伯生。

到了南京，吳承恩為了節省那好不容易才借到的一點錢，只好借宿於另一舊友朱祠曹家，然後才去找沈伯生求情。沈伯生雖已高中進士，但好在他還念舊情，而且也尊重文學，願意為吳承恩出面說話。他給吳承恩寫了一份介紹信，言之鑿鑿吳承恩寫《西遊記》之重要性，希望能能得到國子監管理部門的關照，借有關「西遊」的資料給吳承恩一閱。但國太監管理嚴格，書仍然無法借出。

希望變得渺茫，老人吳承恩滿面愁容，覺得自己無法完成一部書了，遂產生了回家的念頭。沈伯生看吳承恩失落的樣子，反而產生了一定要助他成功的決心。沈伯生想，是自己低估了國子監的律令，《永樂大典》乃國書，忌能從國子監中借出，看來，得另想辦法才行。很快，沈伯生想了一個辦法，托人找到了國子監的太學生，請他們悄悄把那些「西遊」的資料抄出來，給吳承恩參考閱讀。國子監的太學生能幫這個忙，已屬嚴重違規，不給人家錢財，人家是不會去冒險的，但吳承恩囊中羞澀，根本拿不出錢。容他借宿的朱祠曹不忍心讓他的希望又化為泡影，便拿出一定數量的錢財，讓他去打點國子監的太學生，這才使得他的希望沒有落空。吳承恩在日後之所以能順利寫出《西遊記》，實際上與沈伯生和朱祠曹的幫助是分不開的，當《西遊記》名揚天下，膾炙人口時，人們只記住了吳承恩，而沈伯生和朱祠曹卻早已被時間的煙塵淹沒，幾乎無人提及他們倆的名字。

沈伯生與國子監的太學生商議好了，太學生每天利用空閒時間抄錄一些資料，於下午下班時在國子監大門外交給吳承恩。朱祠曹家離國子監有幾裡的路程，吳承恩每天中午吃完飯，便步行到國子監的大門外早早等候，生怕因自己疏忽而錯過拿資料的機會。到了下午，國子監的太學生出來後，就看見年邁的吳承恩等在大門外，雙手無比虔誠地伸了過來。拿到資料，吳承恩如獲至寶一般興奮，急速返回朱祠曹家認真閱讀起來。

全部拿到《永樂大典》中的「西遊」資料後，吳承恩告別恩人沈伯生和朱祠曹，回到了山陽老家。後又用幾年時間做了一些充分準備，把資料消化為小說所需，才開始動筆。

這一年，他七十一歲，已屆古稀之年。

四、神仙自筆下生

吳承恩決定讓神仙在自己筆下重生，也就是說，雖然民間傳說中的「西遊」人物形象已很豐富，但他仍要按照自己的想法塑造他們。為此，他在《西遊記》的開篇寫下了以下詩句：

混沌未分天地亂，茫茫渺渺無人見。
自從盤古破鴻蒙，開闢從茲清濁辨。
覆載群生仰至仁，發明萬物皆成善。
欲知造化會元功，須看《西遊釋厄傳》。

在前七回中，吳承恩著力只寫了孫悟空一人。他把孫悟空寫成了一個是天生地長，而且在混沌未知中就學了一身過人本領的神仙。透過寫孫悟空闖龍宮奪如意金箍棒、鬧冥司一筆勾掉生死簿上的姓名、大鬧天宮、偷吃金丹……等等，把孫悟空寫成了一個快活逍遙，無法無天的形象。當然，最後他還是敗給了玉皇大帝、西天如來、東海觀音和太上老君組成的天宮群體，被迫皈依了佛門。孫悟空這個人物讀來讓人頗有快感，吳承思似乎讓他代表那些在社會力量的壓制下，反抗強權，追求自由和內心欲望的人。當然，這種反抗是不可能實現的，但其卻是人性的本能，會自然而然地顯露出來。

很快，唐僧出場。這個因背負巨大使命而顯得有些沉重的人，是嚴肅而冷漠的。在西行路途上，他作為團隊負責人，在生死攸關之際往往無能為力，但他有能掌握孫悟空的「緊箍咒」，他只要把孫悟空管理好，不要無法無天鬧將，其他幾人便不會有事。

這一路上他們歷盡艱辛，九九八十一難神出鬼沒，防不勝防，著實讓他們吃盡了苦頭。遇到他們能解決的問題，他們便一一解決；遇到解決不了的難題，孫悟空只好一個跟頭翻到如來、觀音、老君乃至玉皇大帝面前求助。最後，代表邪惡的妖魔鬼怪一一得到了懲處，唐僧他們再次向遠方邁出艱難的步子。他們在一路上鬧了不少不愉快，生了不少的氣，但在生死關頭卻都能為對方著想，顯示出了他們內心的善良和友好。當然，他們最終都修成了正果，一一有了封賞，成了名正言順的神仙。

如果用通俗一點的話說，《西遊記》真正的成功之處在於熱鬧和好看，吳承恩把天上地下的各路神仙鬼怪依次推出，讓他們和唐僧一行鬥智鬥勇，直攪得天昏地暗，讓讀者讀來驚心動魄，頗有快感。這其實都與吳承恩的個人經歷有關，他在現實生活中受束縛太多，所以他在作品中便虛構了很多能體現出自由，能讓個人欲望得以實現的場景。

吳承恩寫這部書共用了七年時間，從七十一歲開始動筆，到七十七歲才寫完。寫完之後的第四年，也就是八十二歲那年，他去世長辭。按說，活了八十二歲的吳承恩應該算長壽了，但梳理一下他的一生便可發現，他這一生只幹了一件事，寫了一部《西遊記》。一個人一生中能做出一件這樣的事足矣，有那麼多人比吳承恩官運好、有錢、過著舒服的日子，但都沒留下任何可讓後人提及的事情，唯有一介清貧布衣吳承恩，用一生時間傾注一部書，留得千古聲名。

有史書載，吳承恩在《西遊記》的七年中，曾「嘔心瀝血慘澹經營」。我想，「嘔心瀝血」可視為他的創作狀度，而「慘澹經營」則有可能指的是他寫書過程中的生活狀態。他因為要寫書，所以便不能上街去賣文，所以他仍然很窮，弄不好連吃飯也成了問題。但這位七十多歲高齡的老人依然憑著堅強的毅力，把一部書寫完了。《西遊記》完成之後，很快在民間流傳開來，人們爭相搶閱，一時成了一部膾炙人口的作品。

這本書本來是生於民間的，吳承恩最後又把它歸還給了民間。

聊齋志異

——蒲松齡暮年的浪漫

一、折戟沉沙

蒲松齡的命不好，一輩子求仕而未得，無奈之下，遂將精力轉入文學創作，藉文字表達自己的憤懣和孤鶩。在很多年，蒲松齡都覺得自己的命運和父親的一個夢有某種聯繫，他出生前，父親夢見了一位頗為清瘦的佛，將一貼膏藥貼在了他的胸間。孩子出生後，他老是為那個夢恐惶，隱隱約約覺得那麼一個清瘦得快要倒下的佛，又送來了膏藥，似乎在預示有什麼不祥的事情要發生。為了消除恐懼心理，他給剛出生的孩子起名為蒲松齡。從「松齡」二字可知，他希望孩子長壽。

實際上，蒲松齡活了七十四歲，在當時應該說是長壽了。長壽符合了「松齡」之寓意，屬幸運。但蒲松齡卻命運不濟，一生坎坷，似乎隱約應了父親的那個夢。他出生不久，家境便開始衰落，但他父親仍堅持讓他去讀書，以期他在將來改變蒲家的處境。蒲松齡還算爭氣，十九歲時以府、縣、道三個第一考中了秀才。照此下去，他前途有望，可以去謀個一官半職。但蒲松齡的輝煌也就僅僅如此了，三年之後參加鄉試，他名落孫山。

他似乎命中註定不會再有出人頭地之機，就那麼一個鄉試，他一考再考，始終卻邁不過去。他一直都想出仕，所以他一直都在堅持，這次考不上，下次的考場上還可以看到他的身影。在這期間，他忍受著生活的艱辛，在俗世的風塵中深深地垂下了他那高貴的頭顱。

二十歲時，蒲松齡和學友（亦為同鄉）王鹿瞻、李希梅、張篤慶等人在一起搞了一個「郢中詩社」，讓自己浪漫的內心有了幾分釋懷。但因家貧，詩社沒搞多久便不得不停止。之後，蒲松齡過著半顛簸半讀書的生活，先應邀到詩社成員李希梅家讀書，後又應好友孫蕙（任寶應知縣）邀請，到江蘇揚州府寶應縣做了一名幕賓。蒲松齡就這樣讀書和遊走，對人生之不易，自然山水之神韻、風俗民情之豐富、官場之腐敗、百姓之疾苦，都有了深刻體驗。他還結交了一些生活在南方下層的歌女，對她們的愛與恨，歡與悲有了痛楚的目睹。

過了些年，蒲松齡終於在外漂泊得累了，便回到了淄博，在縉紳家以當家庭教師為聊以糊口的唯一方法。好在主人家藏書頗豐，他一邊教書，一邊得以廣泛涉獵。七十一歲那年，他覺得自己如此年邁實在不宜再在外顛簸，便從縉紳家撤帳而歸，回到家飲酒作詩、閒暇自娛。

如此這般回歸，是無奈順應了人生齒輪，還是已做好了為自己謝幕的準備？似乎他的氣力尚未用盡，七十二歲那年，蒲松齡冥冥之中又感到命運之神在向他招手，於是他又心血來潮考了一次。這次老天為這位老人開了眼，讓他博得了一個歲貢的功名。歲貢恐怕也不是什麼官，一定也不在他的期望之中。他一生都投身於科舉考試，卻始終不得志。他不得志的原因並非他才智不夠，而是當時的科舉制度極不合理。再說，到了這個年齡，他還要這個功名有什麼用呢？他也許苦笑一聲，把無盡的酸澀咽入了內心。

也就在七十二歲那年，一直給蒲松齡起到精神支柱作用，與他相濡以沫五十六年的妻子劉孺人病逝了。他大概一下子感到自己被命運的大手掏空了，在妻子的喪葬儀式上，他對兒孫們說，自己三年之內將離開人世。兒孫們為他的這番話感到恐懼，他們剛剛失去母親或奶奶，無論如何都不願再失去父親或爺爺。果然在兩年後，他靠在書屋「聊齋」的南窗上去世了。

蒲松齡當時所言並非悲痛失語，他已在冥冥之中感到自己的生命所剩時日不多了，但他一語成讖，著實讓兒孫們吃驚不小。

二、孤憤之書

一個人雖然命運多舛，但總不會只有悲苦的一面，在他默默忍受人生之磨難的同時，也許在內心堅持著某個信念，或者在鍥而不捨地幹著一件他認為很有意義的事情。

命不好的蒲松齡便是如此一例。他從三十多歲開始，直到去世，一直在寫一本叫《聊齋志異》的書。拋開他在現實生活中的磨難暫且不談，他幾十年如一日寫一本書便是他極其重要的精神生活。為此，我們就可以看到蒲松齡人生的另一面。當然，因為《聊齋志異》在日後成了經典，深受人們喜愛，所以蒲松齡的付出，甚至包括他與艱難人生的抗衡，便都經由《聊齋志異》得到了提升，他的生命也因此閃爍出了耀眼的光芒。

憤而著書。蒲松齡最初產生寫《聊齋志異》的欲望，仍然與他的人生境遇有關。他想通過科舉考試入仕，卻因科舉制度不合理而一次次折戟沉沙。他細細一想，病根出在「社會」和「制度」上，但他只是一個文弱書生，又怎能改變社會之病垢。於是乎，他虛構出了一些狐仙鬼怪，讓他們自由出入，愛恨分明，把人間真情和人性至純至美的一面徹底展露了出來。也難怪，現實中的蒲松齡總是那麼苦澀，經由這些虛構的文字，他的內心終於變得釋然了。

似乎應了那句話，少年經歷可影響人的一生。蒲松齡自小喜歡民間文學，尤其對精怪鬼魅的奇聞異事感興趣，聽老人們講那些故事，他腦子裡便出現了奇思幻想。實際上，他就在聽那些故事時吸取了豐富的營養，為日後創作《聊齋志異》打下了很好的基礎。

三十多歲的時候，正是他躊躇滿志要去走仕途的時候，也是他屢屢因落第而遭受打擊的時候，在無可奈何之下，他回到家裡，給書房起名為「聊齋」，將花妖狐魅的幻想故事一一付諸於筆端，以解現實生活給他帶來的苦悶，同時也寄託他對自由世界的嚮往。至於後來這本書之所以起名《聊齋志異》，除了直接用書房之名「聊齋」外，「志」是記述的意思，「異」則指奇異的故事。從一開始，蒲松齡便為這部書準確定位了。

要說狐仙妖精存在與否，那也只能存在於人們的口頭講述中。蒲松齡知道，談狐說仙的故事大多流傳於民間，他一人聽到的極其有限。於是，他在家門口開了一家茶館，請那些知道狐仙故事的人來喝茶，只要講了狐仙故事，可以免付茶錢。就這樣，有一些人便慢慢喝著他的茶，給他講狐仙故事。民間也許是貯存文學的一大倉庫，蒲松齡從每個人講述中都聽到了不同的狐仙故事，聽完之後在心裡捋一捋，遂寫到書裡去。

一條自陰間通向陽間的道路在蒲松齡筆下被打通，他多談狐仙妖精，讓他們大膽地來到人世，要麼和如意郎君談戀愛，要麼和邪惡勢力作鬥爭。因為他們是狐仙妖精，所以人無法堅持或不能堅持的東西，他們皆能堅持到底。應該說，蒲松齡寫這些作品時是很幸福的，他經由虛構滿足了現實世界無法滿足的願望。

他慢慢地愛上了筆下的狐仙妖精。尤其是狐，他總是讓她們變得無比純真和摯情，在不可能中苦苦追求可能的愛情。最後，為了心上人，她們可以再一次死去，讓自己的魂靈隨煙波散盡，然後還原成一隻白狐，用一雙無言的眼睛望著曾經愛過的人。

因了狐仙妖精的美麗和摯情，也因了他們在人世間鬧騰的種種樂趣，蒲松齡在虛構中享受到了快樂。在四十歲左右時，蒲松齡基本上完成了《聊齋志異》，此後不斷有所增補和修改。這部書實際上是他一篇一篇寫出來的，是一部文言短篇小說集，共有四百三十一篇短篇小說。如果按內容大致區分，可分為四部分：一、對貪官污吏、惡霸豪紳的憤懣、揭露和嘲諷，以〈促織〉、〈席方平〉、〈商三官〉、〈向杲〉等篇為代表作。二、對腐朽的科舉制度的剖析，以〈司文郎〉、〈考弊司〉、〈書癡〉等篇為代表作。三、對愛情的讚美，以〈鴉頭〉、〈細侯〉等為代表作。這一部分是《聊齋志異》的精華，其中大多為狐仙精靈與凡人相愛的故事，極富浪漫情調。蒲松齡寫這些美麗的狐仙頗為拿手，把她們寫得容貌美麗、心靈純潔，如紅玉、嬰寧、香玉、青鳳、嬌娜、蓮香等。四、闡釋倫理道德，強調人格意義，如〈畫皮〉、〈嶗山道士〉等。

寫完之後，蒲松齡大概為自己的這部志異作品頗為滿意，有那麼多狐仙精靈在字裡行間嬉笑逐鬧，似乎他們真的存在似的。這其實是一種離奇的體驗，讓他體味到了現實世界無法體味的快樂。

他在《聊齋志異》中說：「集腋為裘，妄續幽冥之錄；浮白載筆，僅成孤憤之書。寄託如此，亦足悲矣！」書寫完了，他仍在強調他的孤憤，可見無奈的現實世界和這部令人銷魂的書像兩隻手一樣在不停地撕扯他的心靈。實際上，《聊齋志異》中的每個人物都頗為鮮明，每個故事情節都很生動，每一篇的結構都很順暢，而且蒲松齡的文筆簡練，描寫也很細膩，全書藝術成就很高。也許，蒲松齡在當時並沒有意識到《聊齋志異》已成為當時短篇小說的巔峰之作。

其實，蒲松齡一生創作頗豐，除《聊齋志異》外，他還寫下了四卷文集，六卷詩集，三種戲曲，十四種通俗俚曲，以及雜著《省身語錄》、《懷刑錄》等多種。後經人搜集編定，便成了規模龐大的《蒲松齡集》。

關於《聊齋志異》的評論，王士禛的一首題詩可謂最為準確：「姑妄言之姑聽之，豆棚瓜架雨如絲。料應厭作人間語，愛聽秋墳鬼唱詩（時）。」據說王士禎頗愛《聊齋志異》，該詩便是他為其所作的評點題詩。他曾經欲以五百兩黃金購《聊齋志異》手稿，但卻終而不得，留下了終身遺憾。

三、愛之奇幻只因刻骨銘心

翻看《聊齋志異》，有〈畫皮〉、〈席方平〉、〈嶗山道士〉、〈絳妃〉、〈山市〉等均文字優美，故事情節頗吸引人。僅舉〈山市〉一文，無人物，無故事，但其場景描寫和迷幻色彩卻頗為出眾，有很濃的抒情意味。〈山市〉一文如下：

> 奐山山市，邑八景之一也，數年恒不一見。孫公子禹年，與同人飲樓上，忽見山頭有孤塔聳起，高插青冥。相顧驚疑，念近中無此禪院。無何，見宮殿數十所，碧瓦飛甍，始悟為山市。未幾高垣睥睨，連亙六七里，居然城郭矣。中有樓若者、堂若者、坊若者，歷歷在目，以億萬計。忽大風起，塵氣莽莽然，城市依稀而已。既而風定天清，一切烏有；惟危樓一座，直接霄漢。樓五架窗扉皆洞開，一行有五點明處，樓外天也。層層指數：樓愈高則明漸小；數至八層、裁如星點，又其上則黯然縹緲，不可計其層次矣。而樓上人往來屑屑，或憑或立，不一狀。逾時樓漸低，可見其頂，又漸如常樓，又漸如高舍，倏忽如拳如

豆，遂不可見。又聞有早行者，見山上人煙市肆，與世無別，故又名「鬼市」雲。

但大多數人都喜歡〈聶小倩〉。〈聶小倩〉文字生動，敘述節奏緊湊，不失為《聊齋志異》中最好的一篇。小說中的聶小倩是一個女鬼，久居墓地，而且來去身上帶有陰風，不如那些狐仙那般呢呢喃喃。但她卻很美，美得「肌映流霞，足翹細筍，白晝端詳，嬌麗猶絕。」

雖然聶小倩的美麗是惡鬼為她而施，讓她遊蕩於紅塵，用美貌和假元寶騙男人上當，攝其精血，以敬其主。但她卻不邪惡，她的美因而便像月光一般，將塵世的污濁吸納幹盡，徹底呈現一幅潔淨至美的容顏。

騙男人上當的女鬼應該被稱之「風塵女鬼」，聶小倩發誓不那樣，她有自己的理想，她明白自己乃一弱女子，實在無力對付「目光睒閃，攫拿而前」的惡鬼，所以她屈從惡鬼，在苦苦等待能讓自己重見天日的時機。為此，她與惡鬼周旋，極力裝出很快活的樣子，但她卻在內心為做出了那些有悖於自己意願的事而飲泣。終於有一天，燕赤俠和寧采臣出現在她面前，她敏感地意識到自己的希望也終於來了。她用假裝放蕩和給銀子的方法試探寧采臣，寧采臣呵斥她、並將銀子扔出了門。那一刻間，她為遇上了如此正直的男人而內心歡喜，甚至在幻想和他成婚，過一種正常人過的那種耳鬢廝磨、顛鸞倒鳳、兒女成群的生活。

聶小倩的愛很動人，以至於讓人覺得只有女鬼與一凡間癡情男子相愛，才能有這樣動人的愛情。一般人的愛情，多僅僅因愛而死去活來，而聶小倩的愛卻要更厚重和寬廣一些，她要通過愛拯救自己。基於此，我們就可以看出她在「向生活要質量」。

她為正直的寧采臣下了決心，在某一天晚上向他告知了自己的身世，並幫他躲過一劫，而她也因此從鬼界獲得解脫。可喜的是，寧采臣也愛上了她。她隨寧采臣到寧家後，便一步步打通人鬼之間的疏途，並與挾制她的惡鬼繼續鬥爭。寧采臣的妻子已患絕症，她在耐心等待，她堅信寧采臣的妻子死後寧采臣會愛上自己。每晚她在書房陪著寧采臣，與寧采臣不在一起時，她只能居於荒墳，當時她的心情該是何等的悽楚。當然，她是一個聰明女鬼，深諳如何討未來婆婆的歡心，經過鍥而不捨的努力，最終使寧采臣的母親接受了她這個「鬼兒媳」。

讀《聊齋志異》讀到聶小倩這裡，便可以看出蒲松齡最高的藝術成就。他把聶小倩虛構成了一個隱忍、執著、痛苦的女人，但她卻從不放棄，敢愛凡間書生寧采臣，敢恨陰間諸惡鬼。但所有的這一切，都讓她用一個「愛」字來替代了，而且從頭至尾替代得徹徹底底，不見她說過任何一句後悔的話。

她最終用愛情挽救自己從鬼界脫離了出來。如果說，愛情是她的一種修煉方式的話，她最終是修成了正果的。她的行為，把多少說著「你就是我的生命」「我活著的全部意義都是為了你」的現實世界中的人比對得蒼白，矯情之極。

死了變成鬼，便有很多悲慘的鬼故事，所以活著的人都不願意死後變成鬼。而聶小倩卻從鬼變成了人，而且還給寧采臣生了三個孩子，讓他們一家過上了其樂融融的生活。作為鬼，她身上的鬼的影子已消失乾淨，代之而來的是人的氣息。加之她很美，而且深諳做人的道理，所以，她便具備了被這個世界接納的所有條件。

她美，而且真實。我們有理由相信，她不是鬼，已經是人了。

四、行走的手稿

蒲松齡在晚年時，曾對《聊齋志異》進行過一次整理和校訂。而在這之前，他曾不斷地修改過其中的細節。從四十多歲到七十多歲，大概有三十年的時間讓他在心裡體味這部作品，直到最後一次校訂，他或許才滿意了。

前面已說過，他在七十二歲時已意識到自己將不久於人世，所以他在完成最後一次校訂後，叮囑兒孫們：「余生平惡筆，一切遺稿不許閱諸他人。」他一生不得志，但在文學上應該說是圓滿和很如意的。校訂好了稿，留下了遺囑，不久後他便去世了。

大概蒲松齡去世後不久，《聊齋志異》便成了人們爭相閱讀的書，其文學價值也得以彰顯了出來。人們可能看到的是《聊齋志異》的手抄本，他的後人銘記他的遺囑，將《聊齋志異》手稿存放在蒲氏家祠中，從不對外示人。

到了同治九年，蒲氏已到了七世，大家仍牢記老祖宗蒲松齡的話，讓《聊齋志異》和《雜著》等幾種手稿秘不示人。但就在這一年，蒲氏七世孫蒲價人和家族鬧起了紛端，背著《聊齋志異》手稿，攜帶家人隨闖關東的人流到了瀋陽。

初到異鄉，人生地不熟，蒲價人一家的生活一定過得很艱難。後來，蒲價人將《聊齋行樂圖》和《聊齋志異》分別傳於蒲英翰、蒲英灝兩兄弟。之後，擁有《聊齋行樂圖》的蒲英翰因生活無以維持，眼看著一家人要被餓死，便懷著忐忑不安的心情變賣了《聊齋行樂圖》。在將老祖宗的手稿變賣出手的那一刻，蒲英翰一定非常痛苦，但他別無選擇，不得不做出愧對祖宗的事情。之後，蒲英翰不再被人提及，《聊齋行樂圖》也不見任何蹤跡。這是蒲松齡的手稿第一次被變賣，猶如秋風中的第一葉飄零，但好在不是《聊齋志異》手稿。

擁有《聊齋志異》手稿的蒲英翰後來當了兵，在黑龍江將軍依克唐阿的帳下任有一職。一天，依克唐阿聽說這位部下是蒲松齡的後人，而且擁有《聊齋志異》手稿，便提出想借閱蒲老先生手跡，蒲英翰礙於上下級隸屬關係，便不得不答應下來。但蒲英翰多了個心眼兒，只借給依克唐阿上半部，待他看完歸還後，才把下半部借給了他。

儘管蒲英翰小心翼翼，但還是出現了意外。依克唐阿對下半部尚未看完，突然奉旨進京去了。也許是他想繼續看完，便隨身帶走了；也許是他太喜歡，索性據為己有。依克唐阿進京後不久，八國聯軍攻進北京，大量國寶被掠走，那下半部手稿也從此不再任何音信。

光緒二十六年，蒲英翰奉命要去遼寧的西豐執行鎮守任務，到了西豐，他極其鄭重地把《聊齋志異》的下半部手稿交給兒子蒲文珊，叮囑他立當秘藏，如有可能，可搜集上半部內容，將其複製。蒲文珊牢記父親囑咐，將手稿密封在一個朱漆木匣中，在每年的春秋季節交替之際拿出晾曬，此事僅他一人進行，不容許子女們看到。

一本書已深受人們喜愛，其手稿更是引人神往。有不少人找到蒲文珊，想一閱蒲老先生手跡，甚至日本人還出高價想將其買走，但蒲文珊牢記老祖宗和父親的話，一一把打手稿主意的人拒絕了。實際上，蒲文珊在悄悄地為《聊齋志異》做著一些搜集整理的工作。到了一九三三年，他共選出了王漁洋的評語十四篇，同時還將老祖宗寫的〈狐諧〉、〈仇大娘〉等十篇小說也整理了出來，以《選印聊齋態異原稿》為名影印了出來。按當時的條件，影印也就等於出版了。

時間慢慢推行到了解放時期，蒲文珊所在地西豐縣搞土改，他因家境較好，被列入當時的「挖浮財」對象，農民把他家的大量字畫、手稿抄走。農民們不知道那些手稿的寶貴性，翻了翻，隨手便扔了。《聊齋志異》下半部手稿從此不知去向。蒲文珊心急如焚，但卻因自己是土改對象而無能為力。

到了一九四七年冬的一天，西豐縣政府的一位叫劉伯濤的幹部到更刻區元寶溝村檢查工作，無意間看到一堆舊書中有一函兩部褪了色的藍布皮線裝書。他翻開書頁，看到了《聊齋志異》四個字。他在先前大概聽說了《聊齋志異》手稿的事，於是便細細翻看，見書中毛筆字工整秀麗，不少地方還有勾畫刪改和眉批的字跡，……他再細看紙張，發現兩本書用的都是當時已不多見的竹製紙。他內心一陣激動，斷定這是蒲松齡留下的繕寫本。

在風塵中飄蕩的書稿註定與劉伯濤有緣，他在第二年擔任了西豐縣縣長，但卻一直在尋找《聊齋志異》手稿。不久，他便打聽到土改時在西豐縣居住過的工作隊王慎之發現過兩函兩部《聊齋志異》手稿，經多方聯繫，終於收到了王慎之從哈爾濱寄來的《聊齋志異》另兩函兩部原稿。至此，《聊齋志異》下半部手稿又匯集於一體了。之後，他又找到了蒲文珊，將《聊齋志異》下半部手稿交回了它真正的主人。

手稿失而復得，蒲文珊萬分激動。在激動之餘，他考慮到以個人的力量保存手稿實為不妥，於是他決定將書稿上交國家。一九五一年，蒲文珊將《聊齋志異》下半部手稿上交給了東北人民政府文化部，經政府協調，藏入了東北圖書館（今遼寧省圖書館）。

在塵世中如樹葉一般飄蕩的手稿，從此便有了一個固定的家。

本草綱目

——李時珍的咳痰方式

一、疾病改變命運

在二十四歲之前，李時珍並沒有意識到自己會與醫學發生瓜葛，更沒有想到在日後會去寫一本《本草綱目》。他雖然出生於一個醫學世家，祖父和父親都是很有名的醫生，但當時醫生的地位並不高，所以他父親希望他去讀書，以期學而優出仕。他是否在心裡情願父親的這一安排，我們在今天不得而知，但他最終還是遵照父親的安排去讀書了。

李時珍是才子，苦讀幾年之後，在十三歲那年考中了秀才。這個年齡中秀才，在當時是一件引人注目的事情，全家人都為之高興，李時珍大概也對自己在日後走仕途充滿了信心。然而天有不測風雲，李時珍接下來就不那麼順了，兩次參加鄉試均未過。更讓人意想不到的是，就在他第二次參加鄉試未過後，一場大病讓他躺在床上起不來了。從症狀看，並非因鄉試未過而患病，他得的是一種叫「骨蒸病」的怪病，其發燒、咳嗽、多痰之症狀持續不退，讓他從早到晚昏迷不醒。他父親是名醫，幾劑藥下去都不見效，於是便趕緊請另一位名醫給李時珍來治病。好在這位名醫的藥見效了，李時珍的病很快便好了。

病癒後，李時珍打算棄文從醫，從此去幹治病救人的事情。得到家人的支持後，李時珍將那些聖賢書束之高閣，手捧杏林書籍，開始一心一意學醫。這一年，李時珍二十四歲。他父親是他的老師，兩人肩背藥箱走村串戶，給窮苦人家看病。據史載，李時珍在這時就很講究醫德，如窮苦人家無錢看病，他便免費治療。一時間，人們對他評價頗高。

也許李時珍的才華更適合體現在醫學方面，他不但學得快，而且對病症的理解和判斷格外準確，別人治不了的頑症，經他醫治往往便藥到病除，立刻痊癒。時間長了，他便成了一方名醫。

關於李時珍治病醫術之高明，王鼎吉先生在一篇文章中曾列出兩例，現引用於此：「李時珍醫術越來越高明，一些怪病經他珍治後，很快得到痊癒，因此聲名遠揚。蘄州當地風景秀麗的地方建有一座富順王府，是富順王的府第，富順王的孫子得了一種怪病，愛吃從燈燭上剪下來的燈花，變得面黃肌瘦，食欲不振，請了好多醫生都未治好，因聞名派人來請李時珍去診治，李時珍斷定這孩子得的鉤蟲病，肚中有鉤蟲，開了個有『使君子』『百部』等草藥的偏方，那個孩子服用之後不多久病就痊癒了，食欲增加了，吃燈花的怪癖沒有了，臉色紅潤了，人也胖起來了，富順王一家十分感謝李時珍。」

「李時珍的名聲大振，遠在武昌的楚王派人來請他前往，給他的長子楚王子治病，這位王子得了一種怪病，多次經延醫珍治，包括從京城太醫院請來的太醫，都沒有治好。李時珍經診斷，這位王子得的是『暴厥病』，也就是抽風這種病，他對症下藥，沒幾天就治癒了。」

李時珍的名氣就這樣大了起來，但他的名氣卻並不是被炒作出來的，是與他高超的醫術相匹配的。

後來，本已在十幾年前斷了當官念頭的他，卻因醫術高超被楚王封了一個八品奉祠正的官職，但他的心思已不在出仕，在醫學道路上漸行漸遠的他，在內心產生了一個很大的想法——他要寫一本有關醫學的書。

如此看來，他在此之前的醫珍生涯，其實都已為日後橫空出世的一部書打下了基礎。當他下決心要將它寫出時，他在醫學方面所有的努力，以及在就診過程中的經歷，對藥物的親密接觸，都突然像雨後彩虹一般在他內心煥發出了光芒。他很欣喜，無形之中，自己其實已經為寫一本做好了準備。

二、辭官著書

李時珍是在三十四歲那年開始寫《本草綱目》的。人到了這個年齡，各方面都很成熟了，可以把那些無力為之，或無關緊要的事情放下，集中精力去幹一件值得付諸於一生，並能充分證明生命價值的事情了。

剛開始寫《本草綱目》時，李時珍並未脫離官場。前面說過，他因給楚王的兒子治病，留在楚王府任了一個八品奉祠正的官職，後來又經楚王推薦進入京城，在太醫院任了院判一職。應該說，他的這個職務算是不錯的了，既可以幹自己的專業，又可以任一定的官職，是一般人想都不敢想的事情。但時間一長，他便忍受不了太醫院的不良風氣，當時的太醫院因受命為嘉靖皇帝煉長生不老仙丹，所以並不求真務實，成天搞一些虛無的東西。李時珍很為他們這種不尊重科學的行為著急，但以他一人之力，又不能改變全局。於是，他找了一個藉口，辭官返鄉。

回到家，他就可以一門心思地寫書了。李時珍之所以寫這本書，與兩件事有很大的關係。其一，一位患癲癇病的人找一位醫生看病，醫生給他開了一種叫「防葵」的藥，他服後卻死了。李時珍找到那位醫生使用的防葵，很驚訝地發現它並非真正的防葵，而是在外形上與防葵極為相似的一種叫「狼毒」的植物，是採藥者疏忽，誤將狼毒當防葵，從而害了人的性命。

其二，一位體質孱弱的人去找一位醫生看病，醫生診斷後認為他需要吃補藥黃精補體，就給他開了一劑黃精，不料他吃了後便一命嗚呼，讓家人悲憤難平。李時珍找到那位醫生開出的黃精，再次驚訝地發現它並非的黃精，而是一種與黃精外形極為相似的叫「鉤吻」的植物，此鉤吻實際上就是人們常說的斷腸草，人服用它之後會致腸子潰爛而死。

這兩件事讓他很震驚，要知道，可入藥的植物在外形上極其相似者頗多，而像防葵與狼毒，黃精與鉤吻這樣一者良，另一者毒的藥草也不少，一但搞錯，就會致人命歿。看來，必須要有一部全面介紹藥物的書了。

他為了把可入藥的植物進行細緻區分，走了很多地方，對其一一親自驗證，直到掌握了所有屬性，才放心離開。有時候，為了找到一種藥物，他翻山越嶺尋其蹤跡，直至把它採摘到手才肯作罷。他為了得到流傳於民間的各種秘方，走訪了無以計數的民間底層人物。他還不惜以生命為代價，親自嘗試多種植物的藥性。有一次，他要口嚼一種叫蔓陀羅的草葉，別人都知道蔓陀羅有毒，但他卻還是嚼了。嚼後他覺得自己的口腔麻木無知覺，因此他斷定此藥可作麻醉使用。

實地考察後，他又一頭鑽入了對自古以來醫學書籍的研讀之中。他先後研讀了八百多種醫學典籍，對其中錯誤的地方一一進行了糾正。這些被糾正了錯誤的藥物，在日後均被他寫入了《本草綱目》中。

他為寫這本書跨越了二十六年的漫長歲月。他為了讓每一種藥物都詳盡細緻，寫之前所做的工作與完成工作後的僅僅一、二百字的比例形成了很大的反差。由此可見他的嚴謹和認真。為了保持這一創作態勢，他有意放慢了速度。在他看來，他的心目中並沒有一本書，只有一個個可入藥的植物，他將它們一個個敘述完畢，然後讓它們連綴，便就是一本書。所以，他不著急。

書中的有些地方是他邊考察邊寫出來的，在寫書的過程中，發生了一些很有意思的事情。一次，他碰到一列送葬的隊伍，見棺材內有鮮血在向外滴落。他詢問之後知道，死者系難產而死的少婦。他馬上斷定，從棺材內向外滴落的鮮血證明該少婦沒死，要是死了，就不會有鮮血滴出，而是黑色淤血了。在他的指揮下，馬上進行搶救，果然把那少婦救活了。經由此事，說明李時珍的醫術已達到了出神入化的境界。

到了六十歲那年，李時珍終於寫完了《本草綱目》。從規模上而言，《本草綱目》是當時空前的一部醫學著作，全書五十二卷，一百九十萬字，分十六部六十類，共介紹藥物一千八百九十二種，這一千八百九十二種中有三百七十多種系他親自考察新增的藥物。同時，還列入他搜集古代名醫和民間藥方劑一萬一千零九十六首，各類礦植藥物形態插圖一千一百六十幅，使《本草綱目》成為一部詳盡而豐富的書。

按中國人的說法，六十歲是一個甲子。李時珍在此時完成《本草綱目》，應該是對他生命的一個極好的回報。

三、漫長的出版之路

李時珍寫完《本草綱目》後，在內心產生了一個想法，將它雕版刊印出版，讓更多的人看到它，以辨藥物之真偽，避免因誤用藥而致人喪命。應該說，他的這一想法很不錯，一但實現可起到廣泛傳播的作用。從這一點上可以看出，他將醫生「治病救人」的宗旨更具體，更富實效的推進了一步。

然而，雕版刊印在當時的費用頗高，加之《本草綱目》煌煌一百九十萬字，而且還有一千一百六十幅插圖，以李時珍一人之力，要使其出版實屬奢望。一時間，他犯愁了，一書僅他一人擁有一冊，不能向大眾傳播，又有什麼實際意義呢？有人給他出主意，可以找有錢人資助出版。為此，他多方聯繫富甲商人，人人都認為這是一部好書，但都因費用太高而不能資助。李時珍不死心，一家不行，他又找下一家。他拿出了比寫書更堅韌的精神，並且在內心鼓勵自己，一定能找到可以為出版《本草綱目》出錢的人。

他一生的生命和時間都維繫於一本書了，他不去尋找資助商又能如何呢？其實，去求人是一件挺難受的事情，得看人臉色，得低三下四給別人說好話，但既使再難受，也不能讓他在內心燃起的希望之火變得黯淡，他已經為《本草綱目》讓整個人都已經燃燒了，他又怎能停止呢？

為此，他找了十二年，終於在七十二歲那年，經人介紹找到了在當時身處文壇泰斗地位的王世貞。王世貞看完《本草綱目》後，非常賞識李時珍的才華，認為《本草綱目》「博而不繁，詳而有要。綜合究竟，直窺淵海……實性理之精微，格物之通典，帝王之秘箓，臣民之重寶也。」李時珍已經是七十二歲的老人了，能得到這樣的評價實屬不易，艱難努力了十二年的一位老人，至此多多少少可釋然了。

事實證明，李時珍這次找對了人，王世貞親自出面，聯繫到了南京頗有經濟實力的書商胡承龍，動員他將《本草綱目》雕版刊印出版。胡承龍看過書稿後，與王世貞持同樣的觀點，認為《本草綱目》有非常大的價值，便決定雕版刊印出版。

一切談妥之後，李時珍這才拖著年邁的身子返回了故鄉。《本草綱目》有望出版，他算是可以給自己有一個交代了。然而，儘管有人出資，但因為《本草綱目》字數太多，實際操作起來仍然需要大量的時間。在做書坊，工匠們在一點一點地刻印著那本書，而對該書勞神操心的王世貞的身體卻一天不如一天，他想看到雕版刊印出版的《本草綱目》，但人生苦短，他在第二年便不幸病逝了。這位好心人病逝的消息傳到李時珍跟前時，他頓時為之痛哭流涕，他多麼希望王世貞能看到出版的《本草綱目》，但斯人已逝，一切皆已成為遺憾。

歲月不饒人，王世貞去世兩年後，李時珍也覺得自己的身體不行了，死神的大手似乎已開始把自己往黑暗的世界中拉動了。按說，他的一生因為寫了一本《本草綱目》，算得上是圓滿了。但從常人的角度而言，他也想看到雕版刊印出版的《本草綱目》，就算是看上一眼，他便死無足惜。然而上天還是沒有成全這位老人，在七十五歲那年，李時珍帶著遺憾去世了。

李時珍去世後的第三年，《本草綱目》雕版刊印出版了。該書的出版變成了一個轟動事件，在醫學界和出版界掀起了熱銷的高潮。至此，李時珍生前的最後一個願望終於得以實現，九泉之下的他，可以安息了。

一本書，自此由世人所共用。

紅樓夢
——曹雪芹的黃金大餅

一、家族沒落是一本書的雛形

曹雪芹一生中最好的時光，應該是在童年。他出於一個顯赫的家族，曾祖母是康熙小時候的奶娘，因為這種非同一般的關係，曹家受寵，人人錦衣玉食，家業也逐漸發達。但也許正應了常見的一種現象，一家人中若在日後出一位人物，家業便會先遭不幸。這似乎是一種冥然之中的規律，本無科學道理而言，但隨著曹雪芹的出生，曹家狀況確實一年不如一年，像一葉飄向無底深淵的樹葉一樣，從輝煌慢慢轉為沒落。曹家之沒落，始於雍正的一次發火。康熙死後，雍正即位，對曹家花了朝廷太多的錢而勃然大怒，下令將曹家財產沒收一空。

這一年，曹雪芹十四歲，由於親眼目睹了家族的變故，所以他便有了痛切的失落感。他知道，雍正是皇帝，他要沒收曹家財產，誰也無力挽回局面。當時，一股無奈和恐懼籠罩了他的內心，他知道以後要過苦日子了。

家財被沒收後，曹家從南京搬到了北京。此時的曹家，淪為一般人家，其家境與昔日相比，實乃一個天上，一個地下。然而就這樣的命運也還不足以停息，在乾隆年間，因皇族政變，因曹雪芹的曾祖母給康熙餵過奶，曹家又遭一次抄家。本來就已經很窮了，這一次被抄，居京的不薄開銷便無以維持，日子便很難再過下去了。

無奈，曹家便搬往西郊香山的一個叫黃葉的村子。也就是在這個村子裡，曹雪芹開始寫《石頭記》（《紅樓夢》早先用此名）。沒有任何跡象表明，一部在中國文學成就當屬之最的作品，就在這個名不見經傳的村子裡誕生了。

其實，不光這個村子名不見經傳，就連曹雪芹一家當時的生活，也過得極其艱難。我們從《紅樓夢》中可得知，他們一家在這個村子過的是「蓬牖茅椽，繩床瓦灶……舉家食粥酒常賒」的日子。其貧窮艱難程度，藉此可窺一斑。

然而此時在曹雪芹心中，經由寫作燃起的對生命的熱望，足以抵消所有來自生活的困頓。他有一位叫敦誠的好友去黃葉村看過他，後給他贈詩一首，結尾四句是「勸君莫彈食客鋏，勸君莫叩富兒門。殘杯冷炙有德色，不如著書黃葉村。」由此可見，曹雪芹當時已將全部精力投入到了寫作中，就連朋友也賞識他的選擇，勸他好好寫書。

我們從後來他在《紅樓夢》中的表達可得知，他在寫作時，實際上回頭向後看了一次。動盪的人世和莫測的命運，讓他在這次回頭中對家族之沒落，人心之變化，世道之轉變，均有了更深刻的體會。也就是說，他所親眼目睹曹家之沒落，實際上為他寫《紅樓夢》提供了一手的素材。同時也表明他是很有才華的，當時他那麼小，事件皆為童年記憶，但卻被他在日後寫得深刻感人，沉迷冷峻。

按時間推算，曹雪芹在黃葉村居住了十年，寫了十年《石頭記》。在這十年中，他和家人以喝粥聊以度日，想喝酒卻苦於沒錢，只好厚著臉皮去賒酒。筆者在一本書曾見過曹雪芹的一幅畫像，他瘦骨嶙峋，身材極其單薄，可見他當時嚴重缺營養。如果不是文學在內心燃起的熱望支撐著他，那麼苦的生活，他無論如何是堅持不下來的。

「十年辛苦不尋常」，「披閱十載，增刪五次。」我們從後來的這些說法中可得知，他吃了很多苦，但卻沒有停下，仍堅持寫完了《石頭記》的前八十回。

二、英年早逝

在今天看來，曹雪芹乃大手筆，其小說寫作才能之高，為後人所交口稱讚；《紅樓夢》乃中國文學扛鼎之作，其至高地位亦無可撼動。

關於《紅樓夢》之小說內容，想必諸位讀者都很瞭解，在此筆者就不浪費筆墨了。按這本書的體例設置，還是讓筆落入關於書的故事中去。

曹雪芹在寫作中雖然吃了些苦，但都是生活之苦，於寫作本身而言，他是很順利的，我們在今天通過《紅樓夢》可得知，該書的前八十回寫得很流暢，把他的才華發揮到了淋漓盡致的地步。但上天似乎有意讓這部傑作留下遺憾，讓這位才子匆匆謝世，在他剛剛完成第八十回時，一系列的災難便降臨到了他頭上。

在一系列災難來臨之前，倒是有一些讓他高興的事降臨到了他身上。先是乾隆準備下江南，兩江總督尹繼善為籌辦好接駕工作，將曹雪芹當作人才請去做了一些事。為此，他在南方遊歷一年多，被貧窮困頓的身心得到了一次緩解。回到北京後，他又去拜訪了至友敦城兄弟。敦城兄弟熱情款待他，並鼓勵他早日實成《石頭記》。他很高興，寫下了〈佩刀質酒歌〉。

接著，他又有了一樁喜事。他娶了一位輕漂亮的女孩子為續妻，新婚莞爾之樂，讓他體會到了人生在世的幸福。曹雪芹的生年和卒年均不詳，世人說法甚多，但卻都莫衷一是，讓人覺得他的生命始終處於模糊之中。但他續妻這件事卻被記錄得很清晰，讓人覺得他理應享受人人都可以享受的快樂，他貧窮的生命也由此得到了安慰。

在貧困中體會到的快樂，實屬難得，對人的身心也是一種極好的調解。當曹雪芹在這些快樂中安靜下來，繼而續寫《石頭記》時，他應該進入到一種很不錯的狀態中，文字應該更豐潤一些。然而他的運氣很不好，不久，北京大規模流行痘疹，他的獨生兒子不幸染上了痘疹，幾經治療，終無效而亡。在這之前他因南下而停了筆，兒子這一命歿，他便又不得不停下了筆。然而這一停筆，卻是他與《石頭記》的永別，此後，他再沒有為這本書寫一個字。

不久，他因失子悲痛過度，一下子病倒了。時間一再被耽誤，他很著急，非常渴望身體能夠好起來，以便又投入到《石頭記》的寫作中去；《石頭記》只有八十回，還沒有到要結束的時候。但他卻再也沒有起來，家人為他請了好多醫生就診，但都無濟於事，眼看著他飲食日漸減少，面色越來越枯黑。家人都無計可施，覺得他將不久於人世了。

他一天天熬著，到了大年三十晚上，外面煙火升騰，處處一片喜慶的氣氛，但他卻沒有了呼吸，離世而去。因曹雪芹生卒年均不詳，所以他去世的這一年到底是多少歲，便有了多種說法，有人說是四十歲，有人說是四十九歲，但不論怎樣，他在四十多歲便離開人世，都是英年早逝。

他匆忙逝世，離下了八十回的《石頭記》和部分殘稿。

三、附驥尾以傳

其實，曹雪芹在世時，《石頭記》就以八十回的面貌有了手抄本，且流傳較廣，其文學價值已被人們認可。但這位英年早逝的天才顯然沒有享受到自己作品帶來的榮譽，更沒有預想到它在此後的二百多年中逐漸取得中國文學之最高地位的輝煌。

到了乾隆年間，《石頭記》的名氣已如日中天，不但在文學界，而且在大眾百姓中也廣受歡迎。有些商人看到從中有利可圖，便讓人抄寫該書，拿到廟市中出售。當時也許還沒有專門賣書的書店，所以像廟會和集市這樣的地方便也可以賣書。據史料載，當時的《石頭記》賣得很貴，最高者可達數十金。這樣的情景，對於在生前一直過著貧困生活的曹雪芹來說是萬萬不會想到的，如果他活得時間長一些，或許會因為《石頭記》的熱賣而聊以自慰。

任何一種東西受到普遍關注，都是因為其自身魅力太吸引人的緣故。喜歡《石頭記》的人都在捧讀這本書，但有一個人卻為《石頭記》想得更多一些。這個人叫高鶚。他也喜歡這本書，但他卻為其僅僅只有八十回而遺憾，在琢磨著如何使它的內容更豐富完美，有一個好的結尾。思前想後，他決定續寫《石頭記》。

高鶚也是一個很有才華的人，曾中進士，任過乾隆時期的內閣中書，擢翰林院侍讀，刑科給事中等職，應該說是一個官場上的人，但他因為喜歡文學，對當時新出的文學作品非常關注。所以，《石頭記》一出，便引起了他的興趣。有一點他和曹雪芹驚人的相似，即他們倆均生卒年不詳。

高鶚是如何寫，用了多長時間寫完《石頭記》後四十回的，歷史上沒有細詳記載。我們只是知道，他寫完後，碰到了一個叫程偉元的人，正是此人在更大程度上推動《石頭記》以一百二十回的面貌問世了。程偉元也喜歡《石頭記》，但他與因喜歡《石頭記》而寫後四十回的高鶚不同，他的策劃能力很強，經他一琢磨，便有了出版《石頭記》的思路。

出版之前，高鶚和程偉元商量一番，以「萃文書屋」之名出版，這個名字類似於今天的出版社名。同時，他們倆將《石頭記》更名為《紅樓夢》。自此，這本書便一直沿用這個名字至今。他們倆用木活字排印，印了一百本左右。用今天的話說，《紅樓夢》第一版、第一次印刷的印數是一百冊。

程偉元為此專門給《紅樓夢》寫了一篇序，其中有這樣一段話：「不佞是以書既有百二十卷之目，豈無全璧？爰為竭力搜羅，自藏書家，甚至故書堆中，無不留心。數年以來，僅積有二十餘卷。一日，偶於鼓擔上得十餘卷，遂重價購之，欣然翻閱，見其前後起伏，尚屬結榫，然漶漫不可收拾，乃同友人細加厘剔，截長補短，抄成全部，複為鐫版，以公問好。《石頭記》全書至是始告成矣。」

我們仔細讀一下程偉元的這段文字，就可以發現他在強調《石頭記》原本就有一百二十回，是他經數載尋找而使其璧全，後又和高鶚細加厘剔，截長補短，遂使其以全貌面世。這就有點過了吧?!他和高鶚於《紅樓夢》著實有功，但為出版弄虛作假，卻是說不過去的。看來，出版炒作之不良風氣，並非今天之怪狀，實際上在清代就已經有了。

當時，經高鶚和程偉元一炒作，人們都相信那後四十回就是曹雪芹寫的，一時間，《紅樓夢》又掀起了一次高潮。但僅僅過了七十多天，高鶚和程偉元趕緊又對《紅樓夢》進行了一次修訂，重新又出了一個新的版本。這次，是高鶚動手寫的序，其中仍有關於前八十回與後四十回關係之論述：

> ……書前八十回，藏書家抄錄傳閱幾三十年矣。今得後四十回合成完璧。緣友人借抄爭睹甚夥，抄錄甚難，刊版亦需時日，姑集活字刷印。因急欲公諸同好，故初印時不

及細校，間有紕謬。今復彙集各原本詳加校閱，改訂無訛。惟識者諒之。……書中前八十回抄本，各家互異；今廣集核勘，准情酌理，補遺訂訛。其間或有增損數位處，意在便於披閱，非敢爭勝前人也。

從高鶚的這段話中，我們可以看出他仍然在堅持《紅樓夢》的後四十回仍為曹雪芹所寫，而他和程偉元之所以修訂再版，是因為第一版出版後發現有差錯，故改之再版印刷。據紅學專家稱，他們二人在再版時，不但修改了後四十回，而且還將曹雪芹原著的前八十回也做了修改。就這樣，《紅樓夢》經高鶚和程偉元之手再次出版，出現在了市場上。不知道當時有沒有人制止或揭發他們二人的行為，但《紅樓夢》卻一下子火了，被無以計數的讀者競相傳閱，變成了當時的暢銷書。

讀者喜愛《紅樓夢》之狂熱程度，正是高鶚和程偉元想要的結果，體會著幸福，他們內心一定抑制著巨大的喜悅。但如果他們倆有良知，就一定會在內心的隱秘角落告誡自己，是讀者成就了《紅樓夢》，如果沒有讀者熱捧，他們倆再怎麼樣也無濟於事。況且，那後四十回還是偽作，他倆雖極力辯述，幾乎已騙過了天下人，但於良心而言，他們還是時時感到不安。但事已至此，不安歸不安，他們倆不吐出來，爛在肚子裡誰也不知道。

接下來，《紅樓夢》像一道狂瀾一般風行於大江南北，人人都沉迷於它的內容，沒有誰再提後四十回的事了。高鶚和程偉元也因此隨《紅樓夢》而上升，懸在半空再也下不來，再也沒有澄清事實的機會了。那後四十回系偽作之事，遂成為不可更改的事實，被人們順理成章地接受了。

一百多年後，胡適說高鶚後四十回是「附驥尾以傳」。胡適一語擲地，道出《紅樓夢》這本書鮮為人知的故事。

釀文學24　PG0582

紙上城池
——古書的故事

作　　者	王　族
責任編輯	林泰宏
圖文排版	鄭佳雯
封面設計	王嵩賀

出版策劃	釀出版
製作發行	秀威資訊科技股份有限公司
	114 台北市內湖區瑞光路76巷65號1樓
	電話：+886-2-2796-3638　傳真：+886-2-2796-1377
	服務信箱：service@showwe.com.tw
	http://www.showwe.com.tw
郵政劃撥	19563868　戶名：秀威資訊科技股份有限公司
展售門市	國家書店【松江門市】
	104 台北市中山區松江路209號1樓
	電話：+886-2-2518-0207　傳真：+886-2-2518-0778
網路訂購	秀威網路書店：http://www.bodbooks.com.tw
	國家網路書店：http://www.govbooks.com.tw
法律顧問	毛國樑　律師
總 經 銷	聯合發行股份有限公司
	231新北市新店區寶橋路235巷6弄6號4F
	電話：+886-2-2917-8022　傳真：+886-2-2915-6275

出版日期	2011年7月　BOD一版
定　　價	280元

Printed in Taiwan

國家圖書館出版品預行編目

紙上城池：古書的故事 / 王族著. -- 一版. -- 臺北市：
釀出版, 2011.07
面； 公分. --（釀文學；PG0582）
BOD版
ISBN 978-986-6095-31-3（平裝）

1.古籍 2.讀物研究 3. 通俗作品

032 100011560

讀者回函卡

感謝您購買本書，為提升服務品質，請填妥以下資料，將讀者回函卡直接寄回或傳真本公司，收到您的寶貴意見後，我們會收藏記錄及檢討，謝謝！

如您需要了解本公司最新出版書目、購書優惠或企劃活動，歡迎您上網查詢或下載相關資料：http:// www.showwe.com.tw

您購買的書名：______________________________

出生日期：________年________月________日

學歷：□高中（含）以下　□大專　□研究所（含）以上

職業：□製造業　□金融業　□資訊業　□軍警　□傳播業　□自由業

□服務業　□公務員　□教職　□學生　□家管　□其它____

購書地點：□網路書店　□實體書店　□書展　□郵購　□贈閱　□其他

您從何得知本書的消息？

□網路書店　□實體書店　□網路搜尋　□電子報　□書訊　□雜誌

□傳播媒體　□親友推薦　□網站推薦　□部落格　□其他________

您對本書的評價：（請填代號　1.非常滿意　2.滿意　3.尚可　4.再改進）

封面設計____　版面編排____　內容____　文／譯筆____　價格____

讀完書後您覺得：

□很有收穫　□有收穫　□收穫不多　□沒收穫

對我們的建議：______________________________

____

____

____

請貼
郵票

11466
台北市內湖區瑞光路 76 巷 65 號 1 樓
秀威資訊科技股份有限公司 收
BOD 數位出版事業部

（請沿線對折寄回，謝謝！）

姓　　名：__________ 年齡：______ 性別：□女　□男

郵遞區號：□□□□□

地　　址：__________

聯絡電話：(日) __________ (夜) __________

E-mail：__________